汲古選書 75

東洋思想と日本

谷中信一 著

まえがき

二〇世紀も終わる頃、これからはＩＴ（Information Technology）の時代だと騒がれた。そして当時の一部の人々は、これは第三次産業革命が起きている証拠であると言っていた。それからまだ大して時間が経っていない二一世紀の現在、今やＡＩ（Artificial Intelligence）による第四次産業革命が起きつつあると言われる。人間とコンピュータが囲碁を戦い、人間が勝つとの大方の予想を裏切ってコンピュータが圧勝したことは記憶に新しい。ＩＴといいＡＩといい、どちらも高度に発達したコンピュータ技術の応用によってもたらされたものであるから、これらを一括りにして、現在まさに進行中の一大産業革命として位置づけられている。

ＩＴがそうであったように、ＡＩもわれわれの日常生活にさまざまなとてつもない変化をもたらすことが予想されている。例えば、自動車の自動運転などはその典型である。自動車が文字通り自動車になるのだから、自動車と名付けた先人の慧眼には脱帽する他ない。

われわれ一般人は、常にそうした止まることのない科学技術がどのような仕組みでそうなるのか、つまりそのメカニズムがどうなっているのかなどは専門家に任せておけばよく、その恩恵のもとで便利で快適な生活を享受できればよいのである。これからも「もののインターネット」といわれるＩｏＴ（Internet of

Things）が日常生活の隅々にまで浸透し、ますます便利で快適な日々を過ごせるようになるに違いない。パソコン、スマホ、ハイブリッド車（ＨＶ車）、プラグインハイブリッド車（ＰＨＶ車）は言うまでもない。ブラウン管テレビから液晶テレビへ、アナログ放送からデジタル放送へ、フルハイビジョンテレビから4Kカラーテレビへ、と。われわれは高度のテクノロジーがぎっしり詰まった一種のブラックボックスの中の日常生活を生きているのだ。

水力発電や火力発電までなら、なぜ電気を作れるのかその仕組みはある程度理解できたが、原子力発電となると、原子核が分裂することで熱が発生するメカニズムは全く理解を超える。ましてその際何種類もの有害な放射能がなぜ発生するのかわれわれは全く理解できない。これもそのメカニズムということでは専門家でなければわからない。

また、その科学技術の革新は、社会の在り方にも大きな影響を及ぼしている。今やコンピュータシステムは社会生活の隅々にまで浸透し、われわれの日常生活を支えている。学校や役所は積極的にコンピュータシステムを導入して利便性の向上を図っている。その結果、住民票や戸籍を取り寄せるにも、パスポートの交付を受けるのも、わざわざ遠くまで行かずに地元で取れるようになった。自宅のパソコンから図書館の蔵書の有無を確認でき、閲覧予約さえ取れるようになった。

交通運輸システムのおかげで、電車に乗るにもＩＣカード一枚あれば、乗り降りに何の手間も要らなくなったし、相互乗り入れが進んだので乗り換えることなく遠くの目的地に着けるようにもなった。高速道路もＥＴＣカード一枚あれば料金所でいちいち停車する必要がなくなった。

つい十年前と較べても、われわれを取り囲むテクノロージーとシステムの相乗作用による進歩発展は想像を超える速さで目の前の景色を一変させている。これには全く目を見張らざるを得ない。「世の中は三日見ぬ間の桜かな」と言って、人の世は常に目まぐるしく変化して止むことがないのは昔からの常であるが、近年は三日はおろか一日でも目を離すこともできないほど急激に変貌し続けている。

しかし高度に発達したテクノロジーとシステムに支えられた現代社会は一方でもろさも内包している。それは、われわれにいつの間にかそれらに全面的に頼り切るという態度が生まれてきてしまったからだ。このために自分の心と体を省みることが少なくなってしまった。便利で快適な生活が持つ意外な落とし穴と言うこともできよう。筆者にとって最も卑近な例としてはカーナビがその典型である。かつてのように地図を読みながら車を運転しているときは常にその方位に気を配っていたので、現在位置と進行方向が把握できていた。今では不案内の土地でもカーナビのおかげで目的地に迷わず行けるようになったのと引き替えに、走行中の方向感覚が全く利かなくなってしまった。このように現代のテクノロジーやシステムに頼るあまりに、自分自身の直感力や判断力、洞察力が減退してしまったことをたびたび痛感する。

このことを対象を広げて言い直すと、現代ではテクノロジーとシステムが高度に発達したために人の心や体のメカニズムについての深い洞察が却ってなおざりになってしまったのではないか。つまり、人の心や体がそれぞれどのような仕組みで動いているのか、また心と体は相互にどのような繋がりを持って動いているのか、などということに対する関心がないがしろになってしまったのだ。しかし全く無頓着というわけではなく、そうしたことへの反省から自分の体を省みる、ひいてはケアするという意味で生まれたのが健康ブームだったりする。サプリメントでの健康維持増進から、今ではランニングなどが有効であるとの認識も定着しつつある。

体の方はまだよいが心の方はどうだろう。心とは実にやっかいなしろものである。自分の心なのだから自分でどうにかなると思っているのに、自分ではどうにもならないことが多すぎるといった経験は誰しもが持つところである。自分の心を自分の力でコントロールすることは意外に難しいものだ。それならテクノロジーの結晶である薬の力を借りてはどうかということになる。心の病を薬で治そうとしたために、病状がますます悪化したということなども聞くと、やはり心が病んでいくメカニズム、そこから回復するためのプロセスをわれわれはもっと知っておかなければならないのだと気付く。そのためには心そのものが持つ仕組（メカニズム）を知っておかなければならない。

ところで東洋思想というと何かとてつもなく古めかしいもの、堅苦しいもの、ややもすれば時代遅れのものと受けとめられがちである。しかし東洋思想とは、それを一言で言うならば、われわれの先人たちが長い歴史の中で培ってきた主に心や体についての深い洞察の産物と言うことができる。周知のように東洋では西洋に遅れて近代化が始まった。それは東洋が西洋に劣っていたからというよりは、それまでの東洋がとりわけ関心を寄せてきたのが心と体のメカニズムについてであり、西洋のように自然や社会を人間の都合に合わせ変革するためのテクノロジーとシステムに対する関心が弱かったからに過ぎない。つまり、東洋が重視したのは、人を取り巻く社会環境や自然環境の変革よりも、それらに取り囲まれて生きる人そのものの心と体の解明だったのだ。しかも人の心も体もテクノロジーやシステムのように目まぐるしく変化することはない。今も昔も、人は人である。そこに東洋の知恵があり、それ故にこそ、今、東洋の知恵を学ぶ理由がある。本書ではこうした観点に立って、いわゆる東洋の伝統思想のうちのいくつかを取り上げて紹介していく。専門的な話は極力避けて、平明な表現に勉めたつもりである。

世界は、グローバル化時代と言われて久しい。そしてグローバル化の進行に合わせて、「文明の衝突」ということが言われている。たしかに二一世紀の今、世界はあちらこちらで深刻な衝突が起きている。このような時代にわれわれに最も求められているのは、確固たる自己像の確立と、それを基礎にした他者（異文化）理解である。その意味で、先ず自らに問わなければならないのは「われわれは一体何者か？」「われわれが伝統的に保持してきた価値観・世界観・倫理観は一体どのようなものであったのか？」という問いであり、必要なのはそれに答え得る確かな教養である。東洋思想にはそうした要請に十分応え得る内実がある。世界がグローバル化するにつれて混迷を深めていく現代を生き抜くためには、今こそ永い年月をかけて営々として築き上げてきた珠玉のような東洋の知恵を身に付けることが求められている。

目次

東洋思想と日本

序章　東洋の伝統思想に学ぶ意義

はじめに

戦争の世紀から環境の世紀へ

二一世紀は、二〇世紀が戦争の世紀であったことと対比的に、環境の世紀と言われる。人類は、二〇世紀はその前半に未曽有の世界大戦を二度も経験し、今世紀にはこれまた未曽有の環境問題を体験することになるであろうと言うのである。文明は人類に片時も立ち止まることを許さない。こうした悲劇を体験することとなったのは、テクノロジーがこれまでの戦争形態を一変させたからであるし、二〇世紀後半の冷戦は、イデオロギーによってそれぞれ異なる社会システムが形成され、それによって敵対する二つの世界に二分されてしまったからである。

今世紀の環境問題も当然ながら人類文明が不可避的に引き起こした問題であると言わねばならない。その文明は、主に西洋近代文明、言い換えれば機械文明、科学技術文明の主導の下に作り上げられてきた。東洋の小国日本は、明治維新以来、途中第二次世界大戦の敗戦を挟みながらも、そうした西洋を手本として邁進(まいしん)してきた。

人は心と体からできている

さて「人」とは、それ自体心と体によって内在的に規定され、自然環境と社会環境という二つの環境要因によって外在的に規定される一方で、自らの作り出したテクノロジーとシステムによってその生活を自律的に規定している地球上最も稀有な生物であるとひとまず定義しておこう。それゆえ、「人」を考える際に最も重要なことは、「心と体」、「自然と社会」、そして「テクノロジーとシステム」という三対の概念であることに気付く。

テクノロジーとシステム

これらのなかで、長い時間の経過とともに激しく変化してきたものと、時間の経過とはうらはらにそれほど変化してないものとに分けるならば、前者は「テクノロジーとシステム」であり、後者は「心と体」である。「自然と社会」はその中間に位置している外部環境である。「心と体」は、人が先天的に備えているいわば与件であり、人は自らの都合で変えることはできない。そこでこの変えることのできない「心と体」のために人が自らの手で生み出したのが、「テクノロジーとシステム」である。これは人が、必要と感じれば自らの創意と工夫によって作り出すことができるし、反対に気に入らなければ破壊したり放棄することもできる。所与としての自然に手を加えて「人」の生存に適した自然環境に造りかえていく役割を担うのが「テクノロジー」であり、所与としての社会に手を加えて、やはり「人」の生存に適した社会環境に造りかえていく役割を果たすのが「システム」であると定義しておく。

人は自然と社会に不断にはたらきかけ続ける

人類は、長い歴史のなかで、自分たちのため（それは人類が快適な生活を手に入れるため、と言い換えてもいいだろう）に「自然と社会」という、「心と体」を取り巻く二つの外部環境を常に変革し続けてきた。

この意味で「テクノロジーとシステム」は、「心と体」と「社会と自然」を結びつける役割を果たしてきていることが分かる。つまり「テクノロジー」は主に「自然」にはたらきかけて人類の生活を向上させてきたわけで、このことは、人類が文明を持ち、しかもそれを不断に進歩させてきたという事実によって確かめることができる。

一方「システム」は、主に「社会」にはたらきかけて人の生活を向上させてきたわけで、このことは、人類が他の生物と異なり自らの歴史を持ち、しかもそれを不断に展開させてきたという事実によって確かめることができる。

人はいつの時代も幸福を求めて生きている

今、人類は快適な生活を手に入れるために「テクノロジーとシステム」を発展させてきたと述べたが、この「快適な生活」とは、人の「心と体」が共に幸福であろうとする欲求を充足させることに他ならない。なぜなら人が「心」の中に例外なく持っているのは、幸福への願望、すなわち幸福獲得の欲求だからである。同様に、「体」も快適さへの欲求を生まれつき持っている。その意味では、「心と体」は決して別々に機能しているのではなく、常に協働して幸福を求めていると言ってよい。つまり「心」だけのしあわせとか、「体」だけのこころよさとかというものはあり得ない。人は、「心と体」の求めるままに、「テクノロジーとシステム」によって「自然と社会」にはたらきかけることで、文明を築き、快適な生活と幸福な人生を実現しようとしてきたわけである。

（一）文明の本質

「心と体」が「テクノロジーとシステム」を求める

「文明」とは、簡単に言ってしまえば、われわれ人間が生存への願望やよりよき生活への欲望を実現するために作り上げてきたものであり、それを欲したのが人の「心と体」に他ならない。

人は自然環境にはたらきかけて、とかく不便であった生活を便利にし快適にし、豊かにするために、まずは衣・食・住を中心にさまざまな生活技術（テクノロジー）を創りあげていった。外気から身を守るための「衣」、雨風から身を守るための「住まい」、空腹を満たすための「食事」、獲物と取るための或いは外敵から身を守るための「武器」などはそうして作られていったものである。

もうひとつ、人は社会的動物であることも忘れてはならない。人は人としての暮らしが快適に豊かになるように社会環境にもはたらきかけた。社会環境といってもいわゆる物理的なインフラのことだけではない。人間の暮らしに秩序と調和、平和と安定をもたらすために創りあげていったのがさまざまな社会の仕掛けや仕組み（システム＝政治・経済・法律制度など）であった。家族集団を形成するというのもそのひとつであった。その中で人は役割を持ち、互いに支え合いながら協同生活をすることによって、日々の安全と安心を得ていった。

ところが「テクノロジー」にせよ「システム」にせよ、それが近年では高度化し複雑化したために、それを作り上げた人間自身の手に負えないものとなり、人間自身がその中で苦悩し始めることになった。本来、「心と体」に「快」をもたらすはずのそれらが、実は「不快」の源になりつつあるという皮肉な現象である。このことは昨今の環境問題、とりわけ自然環境問題から見て取れるであろう。

（二）変わるものとしての「テクノロジーとシステム」

テクノロジーの発達がもたらした光と影

人類の知恵と創意の結晶であるといってもよいテクノロジーは、過去から現在まで不断の進化を遂げつつ、比類のない文明を作り上げてきた。従って、現代を生きるわれわれは、過去のどの時代よりも進んだテクノロジーを持っているといえる。われわれの日常生活においてもはや当たり前になっているインターネットや携帯電話などはこうしたテクノロジーがもたらした一大恩恵である。

情報通信・交通運輸・金融・医療・余暇などありとあらゆる分野に及ぶ先進のテクノロジーがわれわれの生活の「安心と安全」を支えている。直接目に触れる機会の少ない軍事方面のテクノロジーの進歩も、皮肉なことに一国の「安心と安全」を目指している。今日言われるグローバル化が実現したのも、こうしたテクノロジーの賜に他ならない。こうしたさまざまな分野でのテクノロジーの発達は、今後も止まることはないと思われる。なぜか。これまでがそうであったように、これからもテクノロジーはわれわれの限りない要求や欲望に応えるために、限りなく発展し続けていかなければならないからである。しかもわれわれの要求や欲望には限度がないのだから、その発展にも当然限度はない。

ところがここに思わぬ盲点があった。快適な生活は、人が自らの手で作り出したテクノロジーで自然環境にはたらきかけ、自然環境を改変することによって実現できるものであるから、必然的にこれまでの自然環境を失うことをも意味した。大気の汚染・水の汚染などはその一例である。いわゆる公害である。このようにテクノロジーは、いつしか負の側面も作り出してしまっていた。だが人はそれに手を拱（こまね）いたままでいることは許されない。自然環境を改変したことによるマイナス（＝不快）を解消しなければならない。この問題解決のために人類は新たなテクノロジーによって克服しようと図った。

このようにすれば確かに当面の問題は解消される。だがすぐに新たな問題が引き起こされる。「一難去ってまた一難」。まるでモグラたたきのように。テクノロジーの発達とそれによる問題解決は、さながらエンドレスである。そのためもあってテクノロジーの停滞は一時も許されない。それは直ちに文明の危機・崩壊に繋がるからである。

終わりのない「テクノロジーとシステム」の開発

これは何もテクノロジーに限らない。システムに関しても全く同じことが言える。

高度に複雑化した社会システムは、複雑さゆえの脆さを必然的に抱えている。システムの突然の停止が度重なると社会そのものが疲弊を始める。社会危機である。すると人は社会危機をシステムの改良によって回避しようとする。そのためにシステムは一層複雑化する。ここにおいて、システムの複雑化もテクノロジーと同様エンドレスとなる。

文明が危機に陥らないようにテクノロジーを絶えず進歩させ続けなければならない。未来を確実なものにするために社会システムを最善の状態にしておかなければならない。さもなければ人類社会はたちどころに機能不全を起こし危機に直面することになる。文明が高度化すればするほど、社会が高度なテクノロジーによって支えられるようになればなるほど、社会を動かすためのシステムもそれに応じて複雑化しなければならない。すなわちテクノロジーもシステムも不可逆的に高度化し複雑化していかなければならない。これが人類社会の宿命である。

その典型としての都市文明

その一例を挙げれば、都市空間における交通網の発達である。この先進のテクノロジーに支えられた都市交通システムは、われわれの日常生活を一変させた。

電車に乗るときには、もはや切符を買う必要がなく、電車から電車に乗り換える時にも改めて切符を買い換える必要はなく、一枚のＩＣカードで乗り換え、乗り降りすることができ、もはやこれ以上の便利さは望めそうもないほど便利になったとは言えるが、しかしもしこのシステムに狂いが出たらどうなるであろう。これまでのような券売機の故障など比較にならないほどの影響が出ることは必至である。一瞬にして都市交通の機能は麻痺状態に陥るであろう。そうならないために、システムは常に監視下におかれ絶えざる保守点検が求められるのである。従って人々を襲うストレスや社会全体が取らねばならないリスクもこれまでとは比較にならないであろう。

テクノロジーとシステムは文明を支える車の両輪

われわれは、テクノロジーの発展に支えられて、社会全体が極めてシステマティックに機能していることを知っている。情報通信・政治・経済・法律、すべては効率性・合理性・合目的性を目指して構築されたシステムの上に乗って機能している。「教師と学生」という人と人との間で成り立つ教育も例外ではなく、極めてシステマティックに行われている。

このように人類の知恵と創意は、人類社会が効率的・合理的・合目的的に機能するためにさまざまなシステムを創出してきた。現代社会は、ますます高度化するテクノロジーと、それに呼応して一層複雑化するシステムを、あたかも車の両輪のように駆使している。われわれは、このように進化し続けるテクノロジーとシステムに囲まれて現代文明を享受している。たとえそれが、見方によっては、ガラスの城に暮らすような危うさを秘めているとしても。

(二) 変わらぬものは「心と体」

この数千年間の人類文明の発達はたしかに目を見張るものがある。一方でその文明の恩恵を享受する人それ自身はどうであろう。実は太古の昔からそれほど変わっていないのではないだろうか。これほどのめまぐるしい変化のただ中にありながら変わらなかったもの、それこそが人の「心と体」ではなかったろうか。変わらなかったのではなく、変えられなかったというべきであろう。人は自らの創造した「テクノロジーとシステム」によって自分を取り巻く自然環境や社会環境を自在に作りかえてきたように、自分自身、すなわち「心と体」を作りかえることができたであろうか。

「心と体」は、天与のものであって、人工物ではない。それは、鍛錬や学習によって進歩向上させたり、その反対に退歩させたりすることはできても、人が不断に進化させてきた「テクノロジーとシステム」のようには、そのメカニズムまで変えてしまうことはできなかったのである。

変わらぬ「体」

人は人として生存を始めたときから、大きな頭部に大きな脳を持ち、二足歩行をして、両手を器用に使いこなし、目・鼻・口はすべて顔面に正面を向いて配置されている。またすべての臓器はそれ自体の機能を初めから担っており、骨も、肉も、皮膚もすべて例外はない。このようにからだの構造は可視的であるので、それが変わらないもの変えられないものであることを理解するのはそれほど難しいことではない。たしかに、狩猟民族は肉食をしていたので小腸が短いとか、農耕民族は穀食をしていたので小腸が長いとかという違いがあっても、それをメカニズムの違いとまでは言えない。

また例えば泳ぐのが上手な者、走るのが得意な者、寒さに強い者、暑さに強い者、頑健な者、ひ弱な者、聡明な者、愚かな者など、世界にはさまざまな人々が多様な能力を持って暮らしている。その場合でも、自然環境や社会環境が人の「心と体」に何らかの変化をもたらし得ることは間違いないとしても、しかしそのメカニズムまでを変えるには至らない。人は、古今東西、老若男女、人種を民族を問わず、同じ「体」を持って生きてきたし、そのメカニズムに大きな違いはない。

従って次のように言い換えることもできよう。人の「体」は今も昔も変わらない。人は誰でも、人として、母親の胎内から生まれ、母親に抱かれて乳児期を過ごし、幼児期を経て、やがて成人していく。その間に、病気もすれば、怪我もする。体の中には赤い血が流れている。呼吸し、飲食し、眠り、子孫を残して、やがて死んでいく。しかもこの生物的事実は他の動物とさして変わらないものであり、皆例外なく死すべき運命にあることも古今東西普遍の真理である。

変わらぬ「心」

「心」についてはどうだろうか。「体」の場合と同様、「心」のメカニズムも変わることはない。なぜそう言えるのか。またその変えることができず、変わることがない、「心」のメカニズムとはどのようなものを指すのであろうか。

人は、いつの世においても、喜び怒り、哀しみ楽しみ、また人を愛し憎みながら生きている。これらさまざまな感情の動きの他、是非を判断し、理非を明らかにし、善悪を分別する知性のはたらき、美を探求し、理想的な生き方を目指し、あるべき社会像を構想し、戦争のない平和な世界の実現に向けて前進しようとする意志。これらは皆「心」のはたらきである。昔から人は誰でもそうした「心」をはたらかせながらその時代を生きてきた。

人は同じ「心」を持って生まれてきても異なる人生を生きるもの

ただしこのように人の「心と体」のメカニズムは変わらないとしても、人はすべて同じ原因によって同じ結果がもたらされるとは限らない。二人の人のそれぞれの「心」に同じはたらきかけをしても、そこから同じ結果が生じるとは限らない。それは原因と結果が決して単純な因果関係を持っているわけではなく、そこに仏教で言うところの「縁」、すなわち個別の環境要因がはたらいているからである。個別の環境要因とは、個人のレベルでいえば年令や居住地域などによって代表される「個性」であり、人全体のレベルでいえば地域性や時代性となって表れることが多い。

人はどれ程文明を発展させても「四苦八苦」から逃れられない「心と体」を持っている

しかしだからといって人は皆違うとは言えないのである。昔の人と今の人とでは感じ方や考え方が違うとは言えない。釈迦は二五〇〇年前に、人はだれでも「四苦八苦」から逃れられないと教えた。どんなに手段を尽くしても人が人として生きている限りこの苦しみからは逃れられないと悟ったのである。以来、文明は飛躍的な進歩を遂げたが、人類はこの苦しみから解放されたであろうか。今も変わらず人は「四苦八苦」しているのではないか。人類は文明の力でこの苦しみから逃れようと努力してきた、悪戦苦闘してきた。しかし結局のところ逃れ切れたとは言えないであろう。依然として生きる苦しみ、老いる苦しみ、病に倒れる苦しみ、死にゆく苦しみ（以上生・老・病・死を四苦という）がわれわれを襲う。それればかりでない。愛別離苦（愛する者と別れなければならない苦しみ）・怨憎会苦（嫌いな者も受け入れなければならない苦しみ）・求不得苦（求めるものを手に入れることができない苦しみ）・五蘊盛苦（自分が自分であることの苦しみ）などの苦しみ（先の四苦にこれらの四苦を加えて八苦という）は、人類ある限り永遠であろう。

　このことは、人々が日々の暮らしを通じて考えたり感じたりすることが、その時代に作り出されたさまざまな「テクノロジーとシステム」によって影響を受けることがあるにしても、根本的なところではほとんど変わらないことを意味する。言い換えれば、人の「心と体」の基本的構造すなわちメカニズムは、少なくとも人類発生以来それほど変わってはいないのだと言っても過言ではない。

（四）人は進化したか

常に求め続ける人

　人というものはいつもよく生きようとする。つまりただ生きているだけでは満足せず、よく生きようとする、生命の充足感を得ようとする。問題は、どうすることでよく生きることができるのか、生命の充足感を得ることができるのか、ということである。真実の追究か？　善の追究か？　美の追究か？　幸福の追求か？　それとも快楽の追求か？　それらの全てか？　いずれにせよ求めているものが何であれ、それが手に入らなければ人は充足感が得られない。つまり人にとって最も重要なのは心の満足感であり、人生の充足感なのである。

そうした満足感・充足感はどうすれば得られるのであろう？　人はどのようであればそれらが得られるのか？　満足感・充足感といってもそれが一時的なものであったのでは物足りない。一度消えたはずの渇望感がすぐに頭をもたげてくるからである。このため、結局人というものは満足することを知らない、死ぬまで求め続けなくてはいられない、貪欲で未完成・不安定な生き物だとも言えよう。

人が陥りやすい錯覚

人が陥りやすい錯覚とは、「世界は進歩している。だから現代人である自分も古代人より遙かに進歩している」という思い込みである。たしかに、現代は古代に比べると格段の進歩を遂げた。しかし先にも述べたように、進歩しているのは文明（つまり「テクノロジーとシステム」）であって、人間それ自体ではないことに気付かねばならない。すなわち人間という「心と体」を持った生命体そのものは、実のところ昔も今も少しも変わっていないということである。

変わったのは人間ではなく、人間をめぐる自然環境であり社会環境である。そうした環境をなぜ変えることができたのか。人が創り出した「テクノロジーとシステム」に他ならない。人は、自分の欲望を充足させるためにさまざまなものを発明創造して文明を発展させることにより、欲しいものを手に入れ、自然環境や社会環境を自分の欲求に合わせるために、「テクノロジーとシステム」を進化させてきたのである。

しかしこれで「心と体」が求めてきたものを本当に手に入れることができたと言えるだろうか。

なぜ文明の危機が言われるのか

人は変わらないが、世界が変わる。文明を創出する主体である人は変わらないが、人が創出した文明は日々変わる。つまり変わらない人が、世界を変えているのだ。

ところがテクノロジーが発達し、システムが複雑化した現代文明そのものが、現代を生きるわれわれに、深刻な問題を様々な形で投げかけ、反省を求めている。人の暮らしを便利に快適にするはずの「テクノロジーとシステム」が、逆にさまざまな環境問題・社会問題を引き起こしている。

繰り返しになるが、現代世界を見渡すと、人類は不断に進化を遂げてきたといいながら、新たな問題を次々に作り出してきたのも確かなことで、「環境汚染」「大気汚染」「自然破壊」「砂漠化」「地球温暖化」などは、地球上の全生命への脅威となりつつある。人類による地球的規模の経済活動がもたらす環境破壊は、地球に暮らす多くの生命体を危機に陥れているばかりか、人類の生存それ自体にも注意信号が点り始めた。地球環境の破壊は、人類の子孫の存続を脅かすであろうとの心配が杞憂ではなくなりつつある。

鳴らされる警鐘

これまでもレイチェル・カーソン著『沈黙の春』（新潮文庫　一九七四）やシーア・コルボーン著『奪われし未来』（翔泳社　一九九七）等によって、人類の未来に警鐘が鳴らされてきたが、この他にも例えば、アブラヤシから抽出された油脂から作った洗剤は「環境に優しい」はずであるのに、このアブラヤシ油を大量に生産するために、熱帯雨林を伐採してアブラヤシばかりを栽培した結果、環境破壊が広がっているという驚歎すべき事実が明らかにされ、また一時は、化石燃料に代わる「バイオエタノール」がもてはやされた結果、世界的な食糧危機が発生するおそれが取りざたされたこともあった。「エネルギー危機」「食糧危機」「水不足」など、現代人が直面している問題は、皮肉なことに、輝かしいはずの人類文明の所産に他ならず、今や人類文明そのものがやがて人類の発展を阻み、文明そのものを崩壊させる要因となるのではないかと懸念され始めている。

「遺伝子操作」「クローン技術」などの生命を扱うテクノロジーの発展は「諸刃の剣」として不安を生んでいる。その意味では、「できること」と「してよいこと」の境界が曖昧になってしまった時代とも言える。

グローバル化の副産物といえるテロリズムなどは、平和な世界の実現を阻害し国際社会の不安定を助長する危険信号として恐れられている。

わが国では、毎年三万人を超える自殺者が後を絶たない。(1) こんなに豊かな日本なのになぜなのだろうと誰もが思う。こちらは、余りに複雑化した、社会経済システムが関係していると思われる。

再び「テクノロジーとシステム」と「心と体」の関係を問う

これらを、人類の危機と呼べばよいのだろうか。それとも文明の危機と呼ぶべきだろうか。なんと呼ぼうと、こうした危機を作りだしているのは、人類がこれまでに叡智の限りを尽くして営々と築き上げ、作り上げてきた「テクノロジーとシステム」に他ならない。それがいつの間にか人の「心と体」を置き去りにしてしまったのである。

ここで改めて、人の「心と体」について思いをめぐらしていきたい。

まとめ

「心と体」に直接結びつく思想こそは、長い時間を経ても変わらぬものであり、現代に生きるわれわれにとっても有益であることが多い。それはわれわれの人としての存在、人としての「命」に直接結びついているからであり、この「命」こそはいつの時代も変わらずに親から子へ、子から孫へと受け継がれていくものだからである。

「心と体」をひとつに包んでいるもの、それが「命」である。そしてその「命」は今も昔も変わることなく、そしてこれからも決して変わることなく生まれやがて死んでいく。その「命」がある限り、「心と体」を通して人は喜び、怒り、悲しみ、楽しみ、愛し、憎み、願望し、そこにさまざまな思想を生みだす。

筆者はかねてから人文科学研究の使命の一つに、人の「心」のメカニズムを解明することがあると考えている。だからこそわれわれ人文科学研究者は、自然科学研究者や社会科学研究者と異なり、人の「心」のメカニズムが長い時間を経てもさして変わらないことに着目して、その解明のために古典文学や古代思想の深い森の中に分け入っていくのである。とりわけ「東洋思想」は、人の「心」のメカニズムを探求し続けていたことにおいて極めて重要である。

本書では、東洋の伝統思想に見られる人に対する深い洞察を見ていくことにしたい。それを通して、自然環境・社会環境に働きかけるうえで、今、本当に必要なテクノロジーは何か、システムは何か、を知る手がかりにしたいと思う。テクノロジーのためのテクノロジー、システムのためのシステムであっていいはずがない。人を本当の意味で幸福にする「テクノロジーとシステム」を探求するためには、人そのものをより深く知ることが重要である。

長い歴史の中で育まれてきた「東洋思想」を古臭いもの、時代遅れのものとして退けるのではなく、これを東洋の「英知」として深く学び、人がこれから目指すべき新たな地平を切り開いていきたいと思う。

第一章　身体観――養生術・武術・ヨーガ――

はじめに

東洋において遠い過去に獲得された身体観は、現代において些かも色褪せないどころか多くの示唆を与え続けている。その幾つかを紹介しておこう。

健康法と太極拳・ヨーガ

人の健康が日々の食事と運動によって維持されると考えられていたことは、今も昔も変わらない。その意味で、古代インドで生まれ、悟りを得るための身体操作として仏教とともに伝来したヨーガや、中国で武術として生まれ、今では精確な身体操作によって健康を維持増進するための運動として日本でもすっかり根付いている太極拳は、現代人にとって時代遅れでも古臭くもなく依然有効な身体運動として受け入れられている。

現代スポーツと古武術

わが国では、古来「兵法(ひょうほう)」と称された武術に関連して身体論が説かれることが多かった。例えば、柳(やぎゅ)

生宗矩（うむねのり）や宮本武蔵の剣術理論は、敵を斬り殺すためのテクニックを超えて、心身一如（しんしんいちにょ）の境地から敵と対峙しても怯（ひる）むことのない精神力と一体となった身のこなしを編み出していった。これを現代でも古武術から学ぶとして、高校のバスケットボールチームの勝利に大きく貢献したことや、また野球選手などスポーツ選手（例えば、元ジャイアンツ投手の桑田真澄氏）がこの原理を応用して好成績を挙げたことはよく知られている。

しかしその一方で、現代人にとって、刀や槍を手に、あるいは全くの素手で、敵と戦うところから生まれた古武術が、なぜバスケットボールや野球といったスポーツに有功なのかといったことに対しては不思議でたまらなかったであろう。確かに、桑田選手が古武術の体捌（たいさば）きを取り入れることでスランプから脱した時には、人々は半信半疑であったようだ。しかしそれが確かな事実であることが確かめられた時、古武術ブームが巻き起こったのである(1)。

予防医学と養生法

また医学の世界でも、古来、東洋は予防医学を中心に発展してきていると言われていることから分かるように、日頃の健康法（養生法（ようじょう））がまず何よりも重視される。それがまさに適度な食事と運動ということなのである。病気になってからでは遅い、病気にならないよう日頃の節制が大切だ、というのである。「腹八分目」ということもそうした伝統の中から生まれたことわざで、こうして今でも、昔ながらの健康法が受け入れられ、広く実践されている。

本章では東洋の伝統思想のなかからいくつかの身体論を取り出して紹介していくことにしよう。

（一）中国古代の養生思想に見る身体論

不老長寿の願いとは現代のアンチ・エイジング

中国において古来「養生」が大きな関心の対象となっていた。どのようにして健康を維持増進し、ひいては長寿を獲得するかということで、あの秦の始皇帝は、富や権力をはじめおよそこの世のありとあらゆるもの手に入れた後、最後の仕上げは不死の獲得であった。彼は莫大な富と権力によって最も手っ取り早い方法で手に入れようとした。しかし実現するはずもなく、旅先で病に倒れ帰らぬ人となってしまった。もっとも徐福伝説[2]もその過程で生まれたのであるから、それは彼だけの愚かな願望というよりは、その後の歴史にも影響を与えた事件として記憶され続けた。

秦の始皇帝が求めた不老長寿

中国ではその後も、始皇帝のように不死、言い換えれば不老長寿を求める人びとは後を絶たなかった。それはアンチ・エイジングといわれるさまざまな試みとなって現代にも受け継がれている。このように、その方法の適否や実現性の有無は別として、始皇帝に限らず誰もが不老長寿、いつまでも若々しく長生きしたい、と切実に願うものなのである。中国古代に数多く生まれ、わが国にも伝来した仙人伝説はまさにそうした人々の切なる願望が生み出したものである。それを愚かしいと言って一笑に付してはならない。

それこそが、人の心のメカニズムが生み出した産物だからである。

馬王堆(まおうたい)帛書

二千年以上も前の中国の前漢代の貴族の墓（馬王堆漢墓）から出土した副葬品の中に、当時の体操法を記した帛画(はくが)や多数の当時の養生思想を示す文献類が含まれていた。以下に『導引図(どういんず)』と『却穀食気(きゃっこくしょっき)』を紹介していこう。

一枚の『導引図』（縦50㎝横100㎝）から見えること

「導引」とは現代で言う健康体操のことで、中国古代のエアロビクス、或いはストレッチ体操、或いは美容体操といってもよい。この絵には老若男女合わせて44人が描かれる。下のラジオ体操の図と見比べて欲しい。そのひとつひとつを眺めるとわれわれにもなじみの深いＨＮＫの「ラジオ体操」とほとんど変わらない身体の動きが描かれていることがわかる。これが当時、「長生」のための術として貴族に受け入れられていたことを示している。何不自由のない日常の中で労働などせず飽食していた彼らは、現代風に言えば、栄養過多と運動不足によってもたらされる成人病のリスクにさらされていた。このためにこのような体操をして健康維持に勉めねばならなかったのであろう。

導引図（全部で44通りの体操が示される）

NHKのラジオ体操の図示

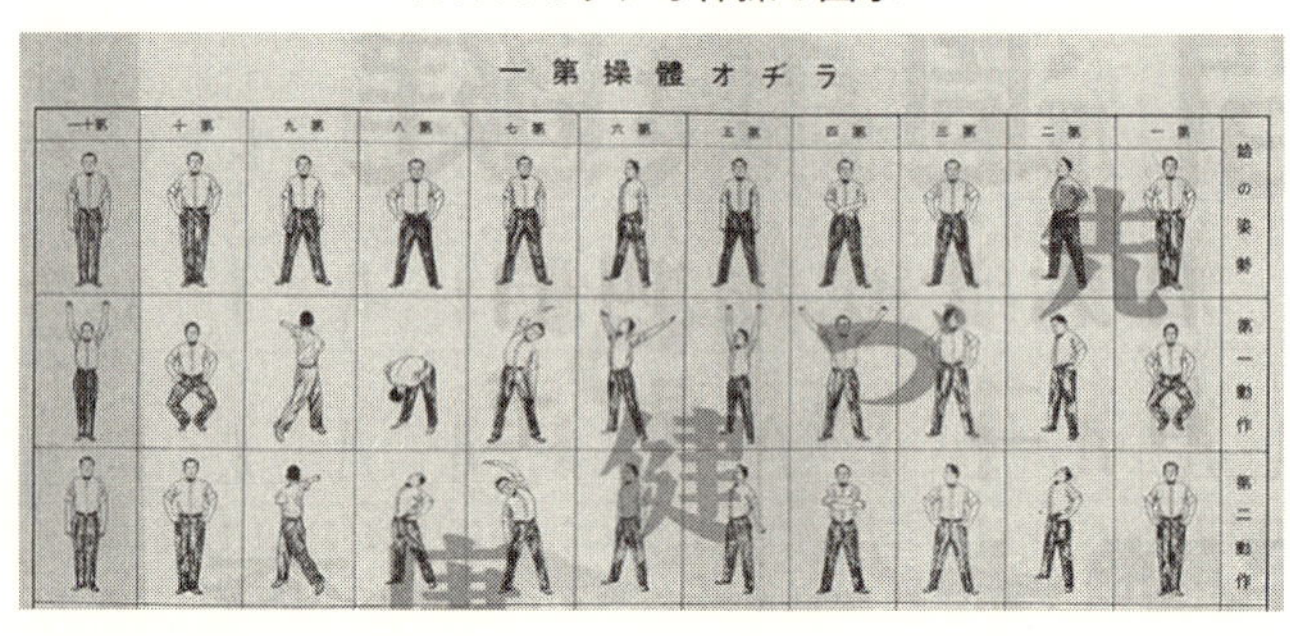

今に通じる『却穀食気（穀を却ぞけて気を食らふ）』の発想

「穀」とはデンプン質を多く含んだ穀類のことである。これを「却ぞける」というのだから、つまりは炭水化物＝デンプン質を摂取しないということに他ならない。これは今でもダイエット法などでよく言われていることである。なるほど体の中で燃焼してエネルギーになるのは炭水化物が最も効率がよいと言われている。力仕事をするには、欠かせないのがこの炭水化物の摂取であろう。都会に暮らす現代人は、便利で快適な生活をしているために、あまり体を動かす必要もない。そのために、運動不足から贅肉がついて、結果食べ物を制限することになる。その際に先ずやり玉に挙がるのが脂質と糖質である。そこで求められたのが穀類の摂取制限であった。またその一方で「食気（気を食す）」ことが求められた。「気を食す」とはどういうことか。「気」を手に取ってそれを口に入れることなどできない。とすれば、ある種の呼吸法を意味するものと考えなければならない。今では有酸素運動ということが言われるが、このことであろう。

このように考えると、人は自分の健康を維持するために何をどうすればよいかについて既に熟知していたわけで、この二千年前の人体メカニズムについての理解は正確であったことがわかる。

ところで「気」を酸素＝空気の意味に限定して解釈してはなるまい。現代でも、「病は気から」とか、「気持ちが晴れない」とか、「気分一新」とかと言い、とかく「気」は目に見えないながらも、それでいて確かに人の心身の状態を左右する要素と見られている。つまり、人はその時々の気分次第で健康にも病気にもなり得るし、その反対に健康である時の気分と病気の時の気分とではこれが同じ自分かと思えるほど違うことがある。またその気分が顔色に現れることは言うまでもない。表情を見ればその人の健康状態がわかるのは、表情にその人の内面の気分が投影されているからに他ならない。「食気」とは、そうした気分を整えるためのある種の方法を指して言っていると解釈できる（「気」については、第五章の自然観で再び取り上げる）。

『荘子』刻意篇（紀元前3世紀）が説く「心と体」の健康

『荘子』という書の中に、次のような一節がある。

……息を吐いたり吸ったりして深呼吸をし、古い気を吐き出して新しい気を吸い込み、熊のぶら下がるような、鳥の身をのばすようなかっこうで体操するのは、長生きしようとしているだけのことである。……そこでこう言われている。「（そもそも落ち着いた安らかさで、ひっそりした深みにおり、心を空虚にして作為をしないというのは、天地自然の平安なあり方であり、真実の道とそのはたらきとの実質である。）だから、聖人もその境地に休息しているのだ。ここに休息していると心穏やかであり、心穏やかでいると落ち着いた安らかさがある。心穏やかで落ち着いた安らかさでいると、心配ごとも入る余地がなく、邪悪な気も侵入するすきがない」と。だから、聖人の徳は完全であって、その霊妙な精神にも欠点がないのだ。(3)

これも、先の馬王堆帛書が発見された時期とやや前後するが、二千年以上前の思想家の言葉である。ここでは、不老長寿を成し遂げたとされる伝説の人物彭祖（ほうそ）をまねるだけの人物は、つまるところ肉体の健康だけを重視する「養形」の人に過ぎないと批判する。そして彼がより大切なこととして主張するのが心の充実平安、すなわち「養神」であると言うのである。心を忘れて体にばかり注意を向けた健康法は価値が低いとしている。ここに言われる「吹呴呼吸（すいくこきゅう）（息を吸ったり吐いたりする呼吸法）」、「吐故納新（とこのうしん）（古い気を息とともに体内から吐き出して、新鮮な気を息とともに体内に取り込む。深呼吸の一種）」、「熊経鳥申（熊のようにぶら下がり、鳥のように身を伸ばす一種の柔軟体操）」の三つは明らかに現在でも行われており、当時の言葉で言えば「導引」というものである。これをもとに先の馬王堆帛書導引図をみると、確かに、ここでの言葉とほぼ一致していることがわかる。

「体」だけの健康は価値が低い

荘子は、心を置き去りにして体だけにかまけていては本当の意味での健康、つまり心身の調和が取れた不老長寿は得られないと批判して、「心と体」の調和の中にこそ真の健康があると言っている。

このように、健康にせよ、不老長寿にせよ、その前提には「心身一如（心と体は一つ）」という考えが古くからあったことがわかる。

葛洪『抱朴子』（紀元4世紀）が説く不老不死

この書は、葛洪（二八三―三四三）という貴族が、当時最も流行した神仙道教における不老不死の仙人になるための具体的方法を事細かに記したものである。本田斉氏は、次のように解説している。

不老不死の技術について、抱朴子はまず死の原因を次の要素に要約する。（一）精力消耗、（二）老、（三）病、（四）中毒、（五）邪気に中たる、（六）風や冷気に中たる。これらを防げば死なずに済むわけである。だから（一）導引（呼吸運動）、（二）房中術（性技）、（三）飲食の節制、（四）薬物、（五）護符、（六）精神統一がその対策として挙げられる。…多種の技術を知っていたようであるが、最も必要かつ十分な技術として呼吸法、房中術、丹薬の三つに要約する。……[4]

これだけを見ると、葛洪の不老不死を得るための術も先の養形の人とあまり変わらないように見える。ところが、葛洪はそうした技術的なことを内編で詳述するとともに、その一方、外編で道徳的な正しい生き方を忘れては仙人にはなれないとも言っている。

不老不死の仙人になるための条件

ここでも「心と体」の一体的把握が前提となって仙人理論が組み立てられていたことがわかる。わが国の『今昔物語集』巻十一に、修行を終えて晴れて仙人になって雲に乗って空を飛んでいたところ、下界の小川で洗濯をしていた若い娘の太ももに目を奪われたとたん、仙人からただの人に逆戻りしてしまい、空から地上に落下してしまったといういわゆる久米の仙人説話がある。これは、およそ仙人などという存在はあるはずがないという含意もあろうが、その背景には不老長寿は、体だけでなく心もそれに見合うものでなければならないという認識があったことを示唆している。

（二）日本における養生論――貝原益軒『養生訓』において――

健康な日常生活

貝原益軒（一六三〇―一七一四）は江戸時代九州福岡藩の儒者。「人間は皆平等」の立場から、最晩年には庶民に向けての啓蒙書として仮名文の『養生訓』を著作したとされ、古来読者が多い古典の一つである。そこでは、

1　道を行い、善を積むことを楽しむこと。
2　病気にならずに健康な生活を楽しむこと。
3　長生きを楽しむこと。

の「三楽」が挙げられ、そのためには、「あれこれ食べたいという食欲」「色欲」「むやみに眠りたがる欲」「徒（いたず）らにしゃべりたがる欲」の四つをコントロールすることの大切さが説かれる。

大切な「心」の養生

医師の杉靖三郎氏は[5]、次のように述べている。

……東洋、ことにわが国に昔から伝えられてきた〝こころの養生〟を中心とする訓（おし）えが、大きく問題

になってきたのである。それは〝生命を直視する〟漢方医学によって、長い経験のフルイにかけられ、洗練されてきたのであって、経験の浅い現代医学の理屈などからは、到底足元にも及ばないのであって、逆に今日の医学が則るべきものが多々ある……。益軒先生が八十四歳（一七一三年）で著したもので、……この『養生訓』には、体の健康と心の健康との二つを、一つに組んだ〝人間の健康〟への道（養生）が示されている。しかも、人間の健康は、社会（世の中）の福祉や健康と別なものではなく、個人の健康への道は、そのまま社会の健康につらなるのでなければならないとする。これは、WHO（世界保健機関）の新しい〝健康の定義〟と同じことであって、そのまま現代に生きているのである。……つまりは、健康で明朗な生活が、人間の尊さを、体の尊さをうちにこめてはっきりといい切ってある。したがって、「養生」ということは、たんなる保健衛生といったことだけではなく、生命（いのち）――尊い人間の生命――を発揮させることであり、さらに、その生命を全うする（長生きする）ことを意味するのである。……そして、具体的な方法としては、「心を平静にたもち、体をたえず動かす」ことであるとする。(6)

忘れられやすい「こころ」の健康維持

杉氏の言葉を借りるまでもなく、健康というとどうしても体の健康ばかりに注意が向けられがちであったことは二千年前の中国でも四百年前の日本でもあまり変わらなかったらしい。貝原益軒も、長寿のためには、「心と体」両方の養生を欠かしてはならないと説いている。目に見える体は注意を向けやすいが、目に見えない心には目を向けにくいという現実に対して、思想家の言葉は常にそうした世俗的通念を修正するために語られる。「心身不二」「心身一如」「心身不離」なども、思想家であり実践家でもある人物の口から語られねばならなかった。庶民が日常の生活の中で不老長寿を求めていたとしても、心の健康にまで思いを致すことはそれほど容易ではなかったのであろう。

（三）日本の伝統武術にみる身体論

古武術家の「心身不離」の立場

わが国の古武術家の一人甲野善紀氏は、『武術の新・人間学』（PHP文庫　二〇〇二年）で、以下のように古武術における身体論を解説する。

> 日本を含め東洋というのは、心身を分けていませんでしたから、身体の使い方ということは、すなわち精神の使い方でもあるわけで、つまり「心身不離の世界」というものを掴むことが、昔の武術の目的であったのです。(7)

これまで述べてきたことがここでも再確認できる。武術とはそもそも身体技法を中心とするはずであるのに、その深奥に分け入っていくと、結局、心をいかにコントロールするかにかかってくる。しかしその場合でも心だけを取り出して、それをコントロールするというのではない。体を動かせば、必ずそこに心が付いてくるわけで、結局「心と体」を同時にコントロールすることが重要だというのである。

古武術の極意は「自然」を知ることにある

その際、甲野氏は思いがけないことを言う。それが次の一節である。すなわち、

私が武術をやる一つの大きな動機はやっぱり、「人間にとっての自然とは何か」と言うことがあります。(8)

「心身不離の世界」が成り立つ前提となるものが何であるかを追究していった時、そこに立ち現れてくるのが「自然」だと言うのである。（なおここに言う「自然」とは人を取り囲む環境としての自然ではないことに注意したい。）なぜならこれら三者はいずれも、テクノロジーやシステムのように、文明の産物ではなく、われわれを成り立たせているある種のメカニズム（それはまさに所与としての）だからである。武術は「心と体」のありのままの姿、つまりはそのメカニズムを知ることから始まると言う。体の動き、心の動き、こうしたものはすべて無条件に人の思いのままにできるものではなく、それそのものがまさに与えられたものとして、言い換えれば、それは隠れて目に見えないけれども、確実にわれわれを形作っている何かとして、先ずそれを知ることが大前提になる。これを知ることによって初めて体をどのように動かせば早く確実に敵を倒せるか、またどのような体の動きが実際に可能か。心はどのような時にどのよう

な動きを見せるか、それを事前に熟知しておくことが欠かせない。つまりどれも人といういわば自然の中に潜んでいるものを実体化して、自らの技術に結びつけていかねばならないと言うのである。

自然な「体捌き」を身につける

心も体と同じく自然の中においてこそその精密な動きを洞察することができる。

私（引用者注：甲野を指す）はいつも着物ですけど、着物というのはそもそも日本的な、身体を捻らない使い方が前提の衣服なのです。たとえば歌舞伎なんかで振り向くシーンなんていうのはひょいと身体を捻らないで、グウーッと向き変わってきますよね。……ですから若い女の子が成人式かなんかで初めて着物を着る時、着付けを工夫しないとすぐ着崩れるんですね。現代女性はもうほとんど完全に西洋風に捻って戻し、捻って戻しして歩いていますから、すぐ弛んできちゃうわけです。……ですから、日本の伝統的な体捌きが、捻って身体を使わない（引用者注：「井桁術理」として同書四六―四九頁で紹介されている）ものだったということはたしかです。(9)

ここでは、さらに進んで武術の実践的な部分に言及する。彼の編み出した「井桁術理」とは、かの桑田投手やバスケットボール選手らに伝授された体捌きの技法であるが、これは確かに体についての深い洞察がなければならない。体についての洞察といっても、それは解剖学的知識とも違う。解剖学的知識は、人の体を動かないものとしてその構造を知ろうというものであるが、ここでは、動いて止まない体それ自体が内在させているダイナミックな動きの中において初めて見出し得るメカニズムの解明なのである。

介護の現場で生きる古武術の体捌き

そのためであろう、彼の古武術技法が、ほぼそのままで介護の現場でも応用できるという。介護者は屈んだ姿勢で体重の重い被介護者を抱きかかえるのでどうしても腰を痛めてしまいがちなのだが、そうならないために彼が勧めるのは筋トレではなく、少ない力で大きな効果を生むための体捌きを工夫することだと説く。それはちょうど桑田投手が牽制球を送って走者をアウトを取りに行く技法に通じる「体捌き」である。

「心と体」のメカニズムに精通していた昔の剣豪たち

古武術ということで言えば、わが国には、古くからその極意を後世に伝えるために書き残した書物がある。今、それらの一部分から、往年の剣豪たちが、「心と体」のメカニズムの解明にどのように取り組んでいたかを見ていこう。

剣豪柳生宗矩の剣禅一致──『兵法家伝書』──

著者柳生宗矩（一五七一―一六四六）は、柳生新陰流をもって徳川将軍家の剣術指南役として、家康、秀忠、家光三代に仕えた。彼は、いわゆる剣士でありながら幕政に深く関与し、後に大名にまで出世し、大和国に柳生藩を立藩した歴史上極めて名高い剣豪であった。かれはその中で「剣と禅と政」を一体のものとしてみていたのである。

彼の残した『兵法家伝書』は、次に取り上げる『五輪書』と並ぶ武道理論書の双璧と言われ、その内容は「進履橋（しんりきょう）」「殺人刀（せつにんとう）」「活人剣（かつにんけん）（「無刀之巻」含む）」の三部構成をなしている。

「心身一如（しんしんいちにょ）」の思想

ここで、「心と体」の問題に即してこの著作を読み進めていくと、「剣禅一致」を説いているところに行き着く。この「剣禅一致」の境地こそ、心身一如の境地に他ならない。剣術は敵を効果的に確実に倒すことを目的とするが、そのためにはやはり「心と体」の調和した〝体捌き〟が求められるのである。これは、現在でもしばしば「身・技・体」ということが言われるように、スポーツの世界では極く当たり前のことのようである。

一番やっかいなのが己の「心」であることを知っていた禅僧がいた

また、宗矩と親交のあった沢庵禅師の『不動智神妙録』に、「心（こころ）こそ心（こころ）迷わす心（こころ）なれ心（こころ）に心（こころ）心（こころ）ゆるすな」という歌があり、これに宗矩は深く共感したと言われる。最も手強いのは目前の敵ではなくおのれ自身の心だというのである。これも心のメカニズムを見事に洞察したところから生まれた歌である。自分の心こそが自分の心を迷わす元凶だという。敵は目の前にではなく己の心の内にあることを知れば、敵に心を許してはならないばかりでなく、己の心にも心を許してはならないことになる。「心を許す」とは「油断する」ということである。こうして、剣豪たちは、武術を磨きながら、それと同じほどの情熱を込めて精神を鍛え上げた。ここにも「心と体」のメカニズムの一体的解明が見られる。

無敗の剣豪宮本武蔵が行き着いた「平常心」の境地――『五輪書』――

宮本武蔵（一五八二―一六四五）と言えば、二刀流で知られ、巌流島で佐々木小次郎を倒した剣豪として小説や映画にもなっている。武蔵ほど勝利に執着した者はなかったといわれるのだが、それでも晩年は「剣禅一如」の境地に達したと言われる。その意味で「心身一如」を求めた剣豪として取り上げてみたい。

彼の主著『五輪書』において、兵法の心構えが、以下のように説かれる。

兵法の道においては、心のもち方は平常の心とかわってはならない。平常も、戦いの際も、少しも変わることなく、心をひろく、まっすぐにし、緊張しすぎることなく少しもたるむことなく、心が偏らないように心を真ん中に置き、心を流動自在な状態に保ち、その流れが、一瞬も止まらぬように、よくよく注意しなければならない。

動作が静かな時にも心は静止せず、動作が激しく動く時も心を平静に保ち、心が動作に引きずられることなく、動作が心にとらわれることなく、心の持ち方にはよくよく気をくばり、動作に気をとらわれぬようにする。心は充実させ、また余計なところに心をとられぬようにする。外見は弱くとも、本心は強く、本心を他人に見抜かれないようにする……」（水の巻[10]）

と。敵を倒すための動き、つまりは剣技が拠って立つのは己の心だとする。しかもそれは特別な心ではなく〝平常心〟だという。実はこの〝平常心〟こそが敵を目の前にして最も難しい心の持ち方に他ならない。強い敵を前にしたとき、大勢の敵を前にしたとき、平常心を保てるものではなく、恐れおののき、逃げ出そうとするであろう。しかしそのような心を持つこと自体が敗北であるという。その反対のこともあるだろう。弱い敵を前に余裕が生まれた時、それは容易に油断になる。対する敵は自分が弱いことを自覚していればこそ負けまいとする。そこに必死の思いが生まれる。相手を侮り油断すれば、たとえ技において優っていたとしても、敵に敗れてしまう。

「心と体」のバランスを求め続けた宮本武蔵

このように、宮本武蔵は、真の強さを手に入れるために、「心と体」を一体のものとしてそれを磨くことに努めたという。それというのも、彼が剣を通じて「心と体」のメカニズムを知り尽くそうとしていたからに他なるまい。

倫理学者で武蔵の研究家である魚住孝至氏は、こうした武蔵の思想を次のように解説する。

心とからだのバランスを、武蔵は重視する。「静かなる時も心は静かならず。何とはやき時も心は少しもはやからず。心は躰につれず、躰は心につれず」、からだをどのように動かそうとも、心が動きにつられてはならない。しかも「心に用心して、身には用心をせず」、あれこれ意識するとかえって身が動かなくなるので、心に用心をし、身は意識せずとも動けるように日頃から訓練しておくのである。[11]

これは武蔵ならずとも、武術家ならば誰もが求めた境地に他なるまい。

敵を倒す前に知らなければならないのは他ならぬ自分自身

次に、日本生まれの武道の一つとして、女性にも愛好者が多いと言われている合気道について見てみよう。

元大学教授で現在は凱風館館長として合気道の道場を主催している内田樹氏は、ヨーガ行者成瀬雅春氏との対談の中で、「ヨーガも武道も自分を知るためにある」として、次のように言う。

「自分を知る」というのは、……合気道では身体の内側を見る。日常生活を送っているときは、まず自分の身体の内側に意識を向けることはありません。だから、外からの入力を遮断して、内側を見る。自分の中を「スキャンする」、あるいは「モニターする」。……頭からつま先まで、動かしたり、呼吸したり、意識を集中したりしながら、順次点検していく。どこかに詰まりがないか、こわばりがないか、痛みがないか……、そういうことをチェックしていくんです。[12]……

内田氏の言う「全身をスキャンする」もしくは「モニターする」とはどういうことだろうか。本書のタイトルが「身体で考える」であることを踏まえると、「心と体」の間に常に通信回路を開いておいて、心は体の状態を、体は心の状態を常に承知しておくようにする、つまり「心と体」が常に対話をしているということであろう。

「心と体」の間にいつも回路を開いておく

普通われわれは、人との会話や読書の時など、意識は体には向けられず心に向けられるし、山登りをしたりジョギングをする時などは意識は体に向けられるものである。このように、「心と体」をいわばそれぞれのシチュエーションに応じて使い分けていることが多い。そのために、「心と体」を結ぶ回路がつながりにくい。体を主にして考えれば、体は決して心の奴隷ではないが、さりとて心から自由になって勝手に動き出すことはできない。一方、心を主にして考えれば、心は体を自由に操れるはずなのだが、現実は決してそうではない。「体が付いてこない」という経験をしょっちゅうわれわれはしている。

そこで内田氏は、これまで述べてきた古武術の達人たちと同様、「心身一如」「心身不二」という立場が重要であることを言おうとしているわけである。この点で内田氏と意気投合している対談相手はヨーガの達人だそうだが、このヨーガも次々節で述べるように東洋の身体論を考える上で極めて重要な伝統技法である。

（四）中国生まれの太極拳

中国生まれで日本にも定着した太極拳

次に中国にルーツを持つ太極拳について考えてみよう。

太極拳も本来は一種の武術であったのだが、その身体操作が健康・長寿に良いとされているため、今では男女の別なく専ら健康法として行なわれている。中国ばかりか、日本でも太極拳の愛好者は年々増加しているので誰でも知っていると思うが、この太極拳を身体論という観点から見ていこう。

いつも自分の体をコントロールできる心を持つ

まず、中国武術家の楊進氏は、太極拳の極意を自著の中で次のように解説する。

太極拳は力の強さより、力のコントロール性能を重視しているのです。……「コントロール性能」とは具体的にどのようなものなのでしょうか。それは、情報を収集するための感覚力と、収集した情報を処理する理解力・判断力、加えて身体をコントロールする運動能力で構成されます。ここでいう運動能力とは、太極拳の場合には能動性と受動性が混沌として混ざり合っていることが大きな特徴です。

太極拳には、この受動性を実現するために、感覚力と判断力を失わない程度の速度範囲で、意識を持って動作を導くという基本理念があるのです。そしてこの「コントロール性能」こそ「身体の活性を目指す健康法」としての要となるものなのです。[13]

「コントロール性能」という言葉に着目したい。これは、「意識を持って動作を導くという基本理念」という言葉に置き換えられていることから、意識が常に動作をコントロールする、つまり心が体を常に意識するということで言えば、先の内田氏が「スキャンする」と言っているのと大きく違わない。また「身体の活性を目指す」とは、「心身一如」の状態を作り上げることによって常に身体を意識化において、「心と体」の間に回路を開いておくことに他ならない。ここでも心の動きと体の動きがちぐはぐになってしまうことを最も警戒しているのである。そうならないことを目指すのが太極拳なのだという。

バランス感覚を研ぎ澄ませ

中国武術研究家の笠尾楊柳氏は、太極拳の特色を自著の中で以下のように解説している。

太極拳には古来から練り上げられ蓄積された身体操法の知恵、動き方の秘密が潜んでいます。単純化をおそれず言えば、太極拳とは老子思想の拳法的現れです。柔と剛を重んじ、緩慢にそしてしなやかに動く。私はこの太極拳的な動き方を「タイチ・ムーブメント（太極体動）」と呼びたいと思います。[14]

ここに言う「老子思想の拳法的現れ」とは、太極拳の極意が老子の「無為自然」の思想と関連づけられて解釈されていることを意味する。笠尾氏が、体の芯を出すこと、つまりは自然体で立つことの重要性を言うのはそのことと関係がある。さらに、

バランス感覚はスポーツだけではなく、生きるための基本感覚です。重心を保つことの大切さが認識され、バランス感覚が身につけば、その成果は必ず日常生活のあらゆる場面ににじみ出てくるでしょう。[15]

ここで言われる「バランス感覚」ということ、これも老子の思想と無関係ではない。

体の芯が出せればふらつかない

太極拳における「バランス感覚」とはすなわち「重心を保つ」ことだという。では「重心を保つ」とはどういうことかといえば、これが「体の芯を出す」こと、つまり自然体であるということに繋がってくる。彼が次のように言うことからそれがわかる

心身ともに無駄な緊張を除いて適正な弛緩状態を保つ。……自然体のまま……自然に呼吸をする。[16]

こうして体を心から独立したものとして捉えるのでなく、といって常に心が体を意識し続けるわけでもなく、「心と体」がバランスよく自然に繋がっている状態を目指すことになる。しかしこれも容易ではなく、厳しい鍛錬が求められる。

無理はせず、無駄は省く、そのためには普段からの鍛錬が大切

もちろん「無為自然の道」を実践することは容易ではない。「無為自然」と言っても何もせずにありのままでいることを単純に意味するのではない。人は必ず意識的に何かを考え、何かをしようとするものである。だが必ずそこには無理な力や無駄な力が加わってしまいがちである。そして、よかれと思い、成功を期してしたことが思いの外成果を挙げられないばかりか、却って失敗してしまうことすらある。物事を達成することは実に容易ではない。むしろ肩の力を抜いて力まずにありのままの状態にある時の方が自由自在に振る舞うことができ、結果として思う存分成果を挙げることができる。しかもこのことが厳しい鍛錬の結果ようやく獲得できるある種の〝境地〟であることがわかる。つまり、心身一如とは得ようとしても容易に得られるのではなく、長い鍛錬の後にたどり着くことのできるものなのである。これが武術の極意に繋がるとされるのはあまりにも当然であろう。

（五）インド生まれのヨーガ

世界最古の健康法としてのヨーガ

インドに起源を持ち、現在は、日本でも健康法として定着しているヨーガであるが、この起源は古く、紀元前二〇〇〇年以前のインダス川流域のモヘンジョダロ遺跡からヨーガのポーズをした行者の像が発見されている。そしてその極意を記した聖典が前二～四世紀頃に完成したとされる『ヨーガ・スートラ』である。その長い伝統を持つヨーガが現代にも定着している。

仏教にも取り入れられたヨーガ

このヨーガは、仏教の世界では瑜伽（ゆが）と呼ばれ、実はわが国では古くからなじみのある言葉なのである。真言宗の僧侶で、密教学に通じている松長有慶氏は自著の中で次のように解説している。

仏教の戒（かい）・定（じょう）・慧（え）の、定（禅定）はヨーガの一種。……瞑想を通じての精神統一に重点が置かれた。……現代社会においてヨーガとは、……一種の美容体操のように思われていることもある。だが本来それは精神統一によって、宇宙意識を獲得するための実践法であって、身体の機能を活性化し、人間に生まれながらに備わった完全性を回復する目的を持つものなのである。(17)

「心と体」を健康にするのがヨーガ

これまで見てきた武術における身体論と少し違うようにも見えるが、それは精神の統一の方に重点を置いて解説されているからである。しかし同時にヨーガは「身体の機能を活性化」すると言っているように、精神の統一がそのまま身体に及ぶというという点で、やはり「心と体」の間に回路が開かれていて、しかもその回路が完全に繋がった時に初めて、自己が自己としての「完全性」を回復すると言っている点で、やはり心身一如の境地が求められていることがわかる。

仏教学者として世界的に著名であった中村元氏（一九一二―一九九九）は、ヨーガのプロセスを自著の中で次のように解説している。

制戒→内制→坐法→調息（呼吸を整える）→制惑（感官を制御する）→総持（心を統一して保つ）→静慮（じょうりょ）→三昧（さんまい）（サマーディ。心身がすっかり統一されて全く内なる心が空の状態に達すること[18]）

ここに言われる「三昧」とは「心身の統一」を意味するものであり、これがまさに心身一如の境地に他ならないわけである。今では、「〜三昧」などと言うことがしばしば言われる、このいわゆる三昧境とは元来はこうした精神的境地を意味したのである。

ま と め

「心と体」はいつも一体不離

以上述べてきたように、東洋思想における身体論はさまざまに論じられ考究されてきたが、その到達点はたった一つ、心身の間に回路が開かれていて意識がその間を自在に往来していること、言い換えれば「心身一如」の境地が実現していることであった。こうした境地こそが、自らの身体を操作する上で最も重要であり、しかもそうした境地は決して容易に獲得できるわけではなく、長い間の鍛錬・修練の結果ようやくたどり着くことのできる境地であることが語られていた。

東洋伝統思想に見る心身論は現代も有効

まさしくこうした心身論は、伝統的な東洋思想として時代を超えてさまざまな形態を取って伝承されてきたことがわかる。これは、人の作り上げたテクノロジーやシステムとは違い、人の「心と体」のメカニズムがそう短時間に変化するものではないからである。その意味で、二一世紀に生きるわれわれにとって千年二千年前の心身論といえども決して時代遅れの思想として侮ってはならないことを知るのであるが、それはとりもなおさず人の「心と体」のメカニズムについての長く深い洞察の結果得られたものに他ならないことを物語っているのである。

第二章　学問教育観——儒教の現代的意義——

はじめに

明治・大正・昭和・平成の歩みを振り返る

日本の近現代史を簡単に振り返れば、そこに見えてくるのは、明治維新とその後の急速な近代化であろう。江戸時代およそ三百年近く続いた鎖国政策から一転して、文明開化・富国強兵・殖産興業を標榜して世界の列強に追いつき追い越そうと国を挙げて取り組んだのである。かの国民的作家と呼ばれる司馬遼太郎が、幕末の動乱を『龍馬が行く』に描き、続く明治維新を『坂の上の雲』に描き、近代日本の激動を巧みに描いたことはよく知られている。日清戦争・日露戦争を経て、やがて日本は世界列強の仲間入りを果たしつつ、さまざまな国内矛盾を抱え込み、国外との軋轢を起こしながらもアジアでいち早く近代化を成し遂げた。その後は、第二次世界大戦において、世界を敵に回して戦った挙げ句、東京始め主要都市のほとんどは壊滅的な被害を蒙り、広島・長崎には核爆弾を投下され、再起不能なまでに痛めつけられて後、ようやく敗戦を認めた日本であったが、戦後は、第二次大戦後の東西冷戦という国際情勢に助けられるという僥倖に恵まれて、敗戦から僅か二五年足らずの一九六八年には早くも西ドイツを抜いてアメリカに次ぐ世界第二位の国民総生産（ＧＮＰ）を挙げるまでに急速な経済成長を達成した。

この二つの歴史上の事実は、日本という国を考える上で極めて示唆的であろう。明治維新（一八六八）に始まる近代化は、七七年後の昭和二〇（一九四五）年の敗戦で終止符を打ち、昭和二〇（一九四五）年の敗戦からの復興は、六六年後の平成二三（二〇一一）年三月一一日の東日本大震災とそれに追い打ちをかけるような原発事故で一旦終止符を打ったという点でも、この二つの歴史的プロセスはあたかも双子の兄弟のようである。明治維新から昭和の敗戦までを第一期、昭和の敗戦から東日本大震災（本州東部の太平洋岸を襲った大津波と福島第一原子力発電所四基中三基の同時メルトダウン）までを第二期とすれば、今の日本は、近代化の歴史の中で第三期に入ったといってよいであろう。これからの日本はどうなっていくであろう。災害から復興し、原発事故を克服して、新たな時代を切り開いていくことができるであろうか。そして再び世界中から驚異の目を日本に集めることができるだろうか。

日本発展の原動力はどこから生まれるのか

このように考えてくると、新たな疑問が湧いてくる。なぜ日本は、こうした歴史上の偉業を二度にわたって成し遂げることができたのだろうかという疑問である。この疑問は既に世界中で共有されてきたものでさして目新しいものではない。

国土面積は狭い上に、周囲を海に囲まれた極東の島国。国土の70％が山地で、少ない耕地面積。醤油や味噌、蕎麦やうどん、豆腐などといった日本特有の食品も原材料となる大豆や小麦は輸入に頼らざるを得ないほどの極めて低い食料自給率。そして地下に眠る鉱物資源もこれといってなく、エネルギー資源のほとんどは輸入に頼らざるを得ない。このようなわが国がなぜ世界でも最も豊かな国の一つになることができたのであろうか。

教育先進地域としての日本とその周辺国

二〇〇〇年から三年おきに、先進国・地域の一五歳児を対象としてOECDが実施するPISA（Programme for International Student Assessment、学習到達度調査）という学力試験がある。二〇一二年には六五カ国・地域の五一万人の生徒を対象に実施している。これは、「数学的リテラシー」「読解力」「科学的リテラシー」の三分野について同一問題を用いて国別の学力を調査して、その順位が毎回発表されニュースにもなっている。二〇一二年の調査結果は、トップ一〇についてだけ見た場合、上のようになっている。どの分野もおしなべて高いのが東アジア地域の国・地域である。本書に即して言い換えれば〝東洋〟の国々といってもよいだろう。言うまでもなく日本はどの分野にも登場している。他には、上海・香港・シンガポール、そして韓国である。惜しくも台湾は科学的リテラシーで順位を落としてしまっているが大いに健闘している。そしてさらに驚くべきは上海・香港・シンガポールがどの分野でも上位三位を独占していることである。上海も香港も国ではなく地域、もっと言えば一都市に過ぎない。シンガポールもマレーシアから独立した都市国家で、その面積は東京二三区ほどであ

2012年の平均点トップ10

	12年	09年	06年
数学的リテラシー			
①上海※	613点	1位	—
②シンガポール※	573点	2位	—
③香港※	561点	3位	3位
④台湾※	560点	5位	1位
⑤韓国	554点	4位	4位
⑥マカオ※	538点	12位	8位
⑦日本	536点	9位	10位
⑧リヒテンシュタイン※	535点	7位	9位
⑨スイス	531点	8位	6位
⑩オランダ	523点	11位	5位
読解力			
①上海※	570点	1位	—
②香港※	545点	4位	3位
③シンガポール※	542点	5位	—
④日本	538点	8位	15位
⑤韓国	536点	2位	1位
⑥フィンランド	524点	3位	2位
⑦アイルランド	523点	21位	6位
⑦台湾※	523点	23位	16位
⑦カナダ	523点	6位	4位
⑩ポーランド	518点	15位	9位
科学的リテラシー			
①上海※	580点	1位	—
②香港※	555点	3位	2位
③シンガポール※	551点	4位	—
④日本	547点	5位	6位
⑤フィンランド	545点	2位	1位
⑥エストニア	541点	9位	5位
⑦韓国	538点	6位	11位
⑧ベトナム※	528点	—	—
⑨ポーランド	526点	19位	23位
⑩カナダ	525点	8位	3位

(注)※はOECD非加盟国・地域
(2013.12.4毎日新聞より)

るからやはり香港・上海とさして違わない。香港は東京都のおよそ半分程度の面積しかない。しかしそれにしてもなぜ東洋の国々や地域が上位を独占しているのだろう。本章では、この点を取り上げて、東洋思想における伝統的学問教育観として、特に儒教の観点から論じてみたい。必ずや、このPISAの結果と先に述べた日本の近代以降の発展と儒教に代表される東洋の学問教育観との間には密接な関連があるはずだからである。

（一）明治の近代化と儒教

「脱亜入欧」・儒教批判をテコに始まった近代化

「脱亜入欧」という言葉が明治時代に流行した。これは『時事新報』明治一八（一八八五）年三月一六日に掲載された無署名の社説に始まり、後に福沢諭吉によって書かれたのであろうと言われるようになった。その中ほどで「我日本ノ國土ハ、亞細亞ノ東邊ニ在リト雖ドモ、其國民ノ精神ハ、既ニ亞細亞ノ固陋ヲ脱シテ、西洋ノ文明ニ移リタリ。」と宣言している。このために、日本が一層の近代化を推進するために、旧弊に泥んで今なお後進国に甘んじているアジアの国々とは「其伍ヲ脱シテ」つまり絶交して、一日も早く「西洋ノ文明国ト進退ヲ共ニシ」ていかなければならないと主張するのであるが、その中に「教育ノ事ヲ論ズレバ、儒教主義ト云ヒ、學校ノ教旨ハ、仁義禮智ト稱シ、一ヨリ十ニ至ルマデ、外見ノ虚飾ノミヲ事トシテ、其實際ニ於テハ、眞理原則ノ知見ナキノミカ、道徳サヘ地ヲ拂フテ、殘刻不廉恥ヲ極メ、尚傲然トシテ自省ノ念ナキ者ノ如シ。」と述べた後、当時の清や朝鮮が儒教主義を表看板にしていることが落伍した原因であると断じている。つまり、アジアの後進性は、かつては近代化以前には日本でも高い地位にあった儒教に由来するというのである。当時の人々が、近代化イコール西洋化であり、東洋の伝統思想儒教はじゃまもの以外の何ものでもないと考えていたことがわかる。その意味で儒教とは古い外套、つまり旧套なのである。旧套を脱ぎ去ってこそ新時代を開き得るのに、旧套を脱ごうとしない清国や朝鮮国に未来はない、と宣言したのである。近代化を急ぐ当時の日本にとっては自然な考え方であった。

明治の近代化を支えたバックボーンに儒教があった

福沢諭吉は、儒学を「畢竟その学問の実に遠くして日用の間に合わぬ……實なき学問」（『学問のすすめ』）として排撃しているので、これだけを見ていると福沢が儒学を相当に嫌っていたことがわかるのであるが、実は教育者であり近代主義者であった福沢諭吉自身の人間形成は儒学によっていたことを忘れてはならない。彼自身、自身を回顧して「一通り漢学者の前座ぐらいになっていた」（同）と言っているのであるから。彼の西洋の学問の基礎には東洋の学問、すなわち儒学の教養があったことは疑いない。

明治新政府は、薩長土肥の藩閥政府とも言われる。肥前佐賀の出身で、二度にわたり総理大臣を務めた大隈重信は、西洋哲学者金子馬治（主にギリシャ哲学を専門としていた）と東洋哲学者牧野謙一郎（高松出身の漢学者）をブレインに置いて、『東西文明の調和』を著したのであるが、そこで論じられているのは、決して西洋一辺倒ではなく、日本は、東洋と西洋それぞれの優れたところを取り入れて、新しい文明を創造していくべきであるということであった。大隈にとって、近代化イコール西洋化ではなかったのである。

彼は、孔子の「仁」[1]について「爾来儒教道徳の中心思想となつた」、「最も発達した道徳思想」、「此の根本精神は後代の全支那思想をさへも支配した」と言い、さらに孔子の人柄についても「調和」、「堅実」、「穏健」、「中庸の美徳」、「円満」、「克己」、「性格全体が渾然玉の如し」、「温情玉の如き性質」など称賛を惜しまなかった[2]。

このように明治の近代化に多大な貢献をし、学校教育を通じて後世に大きな影響を残した福沢諭吉・大隈重信の両巨人は、その教養において、儒学儒教と密接な結びつきがあったことを知るのである。こうして見ると、「脱亜入欧」論で糾弾された儒教であるが、だからといって長年の間に培われた日本人のメンタリティの中からすっかり消え失せてしまったわけではなかったのである。

（二）「儒教文化圏」という概念

〝Japan as Number One〟ともてはやされた一九八〇年代

二〇世紀後半の近代化の達成と急速な経済発展、とりわけ日本の近代化（明治維新後）と経済発展（第二次大戦後）に、欧米の研究者たちは一様に注目した。その端的な例としては、一九七九年にアメリカの社会学者エズラ・ヴォーゲル（Ezra Feivel Vogel）によって書かれた『Japan as Number One』がある。ここで氏が注目したのは、やはり日本の学問教育の伝統であった。当時の日本はバブル経済のまっただ中にあり、アメリカニューヨークのロックフェラーセンタービルを日本資本が買収し、鶴のマークをつけた旅客機は世界中を休む間もなく飛び回り、カメラを首からぶら下げノーキョー（農協）の帽子を被った人々が旅行会社の添乗員の旗に先導されて歩く姿が世界の有名観光地にあふれかえり、「二四時間戦えますか」というドリンク剤のテレビコマーシャルが評判になり、東西冷戦に疲弊しきった米ソ両大国を尻目に、世界中の富を独り占めしそうになったのである。この時期の日本はまさに「飛ぶ鳥を落とす勢い」だったから、こうした論調が世界中で語られることになっても不思議ではなかった。このことは、日本だけではなく、当時ＮＩＥＳ（Newly Industorial Economies の略称）といわれる周辺諸国も例外ではなかった。このＮＩＥＳとは、当時の東アジア地域の韓国・台湾・香港を指していた。そこで、当時の人々は、今後の世界経済を牽引するのは東アジアであろうと予測したのである。(3)

東アジアの勃興を可能にした条件とは

彼らは問う、一体何が東アジアの急速な近代化・経済発展を可能にしたのであろうか、と。わが国に即して言えば、科学技術の応用力水準の高さであり、知識集約型産業に従事し得る優良かつ勤勉な労働力が豊富であり、実力次第で「立身出世」が可能な柔軟かつ開放的な階層社会であることがその主な要因であったと考えられた。言うまでもないことだが、それらの条件を欠けば、どれほど国土が広かろうと、どれほど地下資源に恵まれていようと、またどれほど食料生産高が多かろうと、近代化ひいては経済発展を実現することは困難なのである。また同時に東アジアに共通する文化的背景は何かという問いの答が「儒教文化圏」という聞き慣れない概念であった。フランスの社会学者レオン・ヴァンデルメールシュ著『アジア文化圏の時代』（福鎌忠恕訳　大修館　一九八八）は、そうした西欧の人々の疑問に答えようとして書かれたものであった。ここに言う「アジア」は東アジア、すなわち日本、韓国、中国、台湾などを指しているのであるから、「アジア文化圏」は漢字文化圏とも、儒教文化圏とも言い換えることができる。

東アジアの伝統文化としての儒教

氏は、二〇世紀後半の急速な経済発展の謎を解く鍵としてアジアの伝統文化に着目した。資本主義は確かにヨーロッパに発祥した。そしてそれを可能にしたのはそれ以前に産業革命があり、市民革命があったからであり、もっと溯れば宗教革命があったからである。つまり西洋近代化とはそうした歴史があって初めて実現し得たのだが、アジアにはその条件を欠いているにもかかわらず、それと同様の成果を挙げることができたのだから、それに匹敵するだけの歴史的背景が東アジアにもなければならない。それは何か。その答が、伝統思想としての儒教であった。この伝統こそが、東アジアの人々の道徳水準・知的水準を高めることができ、またそれがあったからこそ、西洋を凌駕するばかりの近代化を一気に成し遂げることができたというわけである。そこで考えなければならないのが、東洋の伝統文化の一つである儒教と近代ヨーロッパで生まれた資本主義との関係である。

（二）儒教文化と資本主義

西洋のキリスト教に対比された東洋の儒教

西洋近代で大きな発展を見た資本主義は、その文化的背景にキリスト教を持つことからキリスト教資本主義と言われることがある。つまり、マックス・ウェーバーが言うように、資本主義の発展にはピューリタニズムが不可欠であった。ここでピューリタニズムとは、近代市民社会の職業倫理として求められる勤勉かつ質素な生活信条を意味する。つまり、勤勉に働き、しかも浪費をせず倹約に勉めた結果、多くの富が蓄積されることになり、それが資本となって新たな産業を興し、生産力を飛躍的に発展させたというわけである。

これに対して、アジアにはキリスト教文化は根付いていないので資本主義が発展するための内的条件を欠いているとされていたのだが、このキリスト教に代わる精神的バックボーンとして孔子の儒教が注目された。これこそ東洋資本主義、つまりは儒教資本主義というものではないかというのである。ところが儒教はキリスト教のような宗教ではない。そもそも「神」を信じないし、孔子とてもちろん神ではない。しかし孔子に代表される儒教には極めて厳格な倫理思想がある。かつて、「脱亜入欧」論の際に口を極めて罵られた「仁・義・禮・智・信」に代表される伝統倫理思想が東洋（東アジア）の資本主義を精神的な部分で支えたというのである。

資本主義とは畢竟ひとつの経済システムのあり方なのだから、原理的には洋の東西を問わず機能しうるのであるが、そのシステムを支えている伝統精神が西洋と東洋とでは異なるとして、西洋では個人主義、法律主義が、東洋ではこれと対極にあるといってよい集団主義、儀礼主義が、それであるとした。

もちろん、当時、儒教は資本主義ではなく社会主義体制にこそ共通点を多くもつという反論もあったから、それは一つの仮説にすぎないとも言えるが、こうした西洋と東洋それぞれの伝統思想の対比はかえって一定の説得力を持ち得たのである。

ところで、儒教と資本主義、儒教と近代化を考える際には、「仁・義・禮・智・信」に代表される倫理的徳目も重要だが、それを遍く普及させる原動力となった学問教育論の方がより重要ではないかと考える。そのように考えるのも、儒教の影響力など殆ど消え失せてしまったかに見える二一世紀の現代においても東アジア諸国の教育熱は止まるところを知らないからである。

（四）儒教と教育

ひと・もの・かねが織りなす資本主義

資本主義経済に必須な三条件は、「ひと・もの・かね」と言われる。グローバル化真っ只中の現在、これに「情報」が加えられるが、ここでは差し当たり前三者について考えてみたい。

「もの」は「かね」さえあれば必要に応じて買うことができ、その「かね」は自分で作りだした「もの」を売ることで手に入れることができ、また蓄えておくことができる。ところが「ひと」は買えないし蓄えられない。しかし作ることはできる。ただし、「もの」を作るのとは違って、工場で大量生産というわけにはいかないし、短期間に完成品を仕上げてしまうこともできない。そういう意味では三条件の中で最もやっかいな条件と言える。

日本の近代化は人材の育成から始まった

ところで、日本が近代化に踏み出した時、戦後の復興に踏み出した時、いずれも「もの」も「かね」もなかった。ただ「ひと」だけはあった。資源もなく貧しい日本は、「ひと」に投資する以外に活路はなかった。そこで明治新政府が最も力を注いだのは教育制度の充実だった。有為な人材の育成である。戦後日本も憲法と同時に、教育基本法を制定し、教育制度を改革し、復興に取り組んだ。明治維新の時と同様に人材の育成を最優先したのである。

中国の儒教が生んだ教育思想

こうした教育制度を整備し人材を育成することは明治時代に始まったことではなく、江戸時代にも積極的に（人材育成が）行われており、そしてそれは主に儒教に依っていた。先にも述べたが儒教は宗教ではない。一言で言えば「修己治人」つまりは政治と道徳の教えにほかならない。それゆえ儒教にとって政治は教育そのものであり、教育はまた政治でもあった。この点については、大隈重信が、先に紹介した『東西文明の調和』の中で、次のように力説強調していることからも、近代日本の教育観の一端を窺うことができる。すなわち、

一般文化や思想と並んで、教育に於ても支那は世界の先進国であつた（三〇一―三〇二頁）／政治の要旨と教育の要旨は同一不二（同）／政治は自づから教育を意味し、政治は自づから教育を意味した

（同）／政治其の事が最初から全然教育的（三六四頁）／政治は即ち飽迄教育的（同）／教育の根本精神は、……政治の根本精神とは支那に於ては全然同一不二（同）／教育が政治的であったと同じく、政治は先づ教育的であつた（同）／安民治平といふ教育的精神が支那政治の眼目（同）

などくどいばかりである。(4) このように、儒教文化圏の特徴の一つが、教育にあったことがわかる。教育は儒教を奉じる為政者によって重視され、一方、教育によって儒教の倫理思想は広く国民に浸透していった。

それでは儒教の教育観とはどのようなものであったのか、簡単に振り返っておこう。

孔子(5)の学問観

学而時習之、不亦説乎（学びて時に之を習う、亦説ばしからずや）。（『論語』学而篇）

これは、「学習」という熟語の典拠になっている有名な一節である。知らないことを知ること、知ったことが身につくこと、これほど嬉しいことがあろうか、という意味の言葉である。学習が人生の喜びの筆頭に挙げられており、しかも『論語』はこの一節から始まる。

有教無類（教え有りて類無し）。（同・衛霊公篇）

これは、人にとって最も大切なのは教育の有無である。人の価値はすべて教育によって決まると言っているもので、今でも四字熟語として広く知られている。

吾十有五而志于学、三十而立（吾十有五にして学に志し、三十にして立つ）。（同・為政篇）

これも「志学」とか「而立」などという故事成語を生んだ典拠となっている言葉。世の中で一人前の人間として生きていく上で、学問をしっかり修めることが重要であることを自分の一生を振り返りつつ、語っている。

下学而上達（下学して上達す）。（同・憲問篇）

これも「上達」という熟語の典拠。孔子は、人から聖人と仰がれたが、しかし生まれた時からそうだったのではなく、何も知らないいわばゼロからスタートして今の境地に到達したことを言う。こつこつ勉強するという努力の大切さがここで教えられる。

吾嘗終日不食、終夜不寝以思。無益。不如学也（吾れ嘗て終日食らわず、終夜寝ねず以て思う。益無し。

学ぶに如かざるなり）。（同・衛霊公篇）

飲まず食わず、そして夜も寝ずに考え続けたものの成果がなかった。そんな時は人に教えを請うて学ぶのが一番だという。

君子謀道不謀食。耕也、餒在其中矣。学也、禄在其中矣。（君子道を謀りて食を謀らず。耕すも、餒其の中に在り。学べば、禄其の中に在り）。（同・同篇）

君子とは学び続けることこそ重要、収入を求めて右往左往するものではない。学んでいれば結果（収入）は自然に得られると言う。

好仁不好学、其蔽也愚。好知不好学、其蔽也蕩。好信不好学、其蔽也賊。好直不好学、其蔽也絞。好勇不好学、其蔽也乱。好剛不好学、其蔽也狂（仁を好んで学を好まざれば、其の蔽（弊害）や愚。知を好んで学を好まざれば、其の蔽や蕩（とりとめがなくなる）。信を好んで学を好まざれば、其の蔽や賊（盲信に陥って人をそこなう）。直を好んで学を好まざれば、其の蔽や絞（融通が利かず窮屈になる）。勇を好んで学を好まざれば、其の蔽や乱（乱暴になる）。剛を好んで学を好まざれば、其の蔽や狂（常軌を外れてしまう）。（同・陽貨篇）

仁（思いやり）・知（もの知り）・信（誠実さ）・直（正直さ）・勇（勇敢さ）・剛（剛直）といった優れた徳目も、学ぶことによってその価値を高めていかなければ却って弊害があると戒める。

生而知之者、上也。学而知之者、次也。困而学之者、又其次也。困而不学、民斯為下矣。（生まれながらにして知る者は、上なり。学びて知る者は、次なり。困しみて学ぶ者は、又其の次なり。困しみて学ばざれば、民斯ち下と為す）。（同・季氏篇）

どんなひどい境遇に陥っても学ぼうとしない者は最低だ、と言っている。

このように、孔子は、決して高い目線からではなく、自分の体験を交えながら、人は誰でも自分の人生をよくしようと思ったら学ばなければいけないと説いてやまなかったのである。

荀子(6)の学問観

性悪説で知られる荀子も、学問教育の大切なことを力説した。この性悪説は、「人間はだれでもその本性は悪だから信用できない」などということを言おうとしたのではない。むしろ人間は例外なく自己中心的な欲望の持ち主であることを洞察して、それは譬えば、山から切り出されたばかりの原木や鉱山から取り出されたばかりの金属などと同じで、加工を加えなければ何の価値もないことを言っているに過ぎない。

人を加工するとはつまり学問と教育である。

学不可以已。青取之於藍、而青於藍。（学は以て已むべからず。青は之を藍より取りて、藍よりも青し）。

（『荀子』勧学篇）

「出藍の誉れ」の典拠となっている『荀子』冒頭の一節である。学問を途中でやめてはいけないことを巧みな比喩を用いながら力説している。

君子博学而日参省乎己、則知明而行無過矣。（君子博く学びて日に己を参省すれば、則ち知明らかにして行い過ち無し）。（同・同篇）

「三省」の語は『論語』学而篇にも見え、人はひたすら広く深く学ぶことによって初めて優れた知性を手に入れ、誤りのない人生を送ることができるとして、学問こそが人間形成の基本にあると言うこの言葉は常に力強い。

吾嘗終日而思矣。不如須臾之所学也。（吾嘗て終日思う。須臾（僅かな時間）の学ぶ所に如かざるなり）。

これは先の孔子の言葉にも共通する。一人であれこれと考えあぐねているよりも学ぶに如かずとして、人は謙虚に学ぶことを忘れた時、進歩が止まるという。

不学不成（学ばずんば成らず）。（同・同篇）

学ぶことがすべての原点にあることを言っている。これも力強い言葉である。

学者非必為仕、而仕者必如学（学ぶは必ずしも仕える為めに非ず、而れども仕えれば必ず学ぶに如る）。（同・同篇）

学ぶのは就職のためではない、とは言え就職しようとすれば必ず学問は必要だ、あるいは学問こそ仕事には不可欠だと言っている。

このように、ひとたび儒教の文献をひもとくならば、随処で学問教育の大切さを強調しているところに出会うことができる。

儒教の学問観の特色

ここで、儒教の学問論の特色をまとめておく。

その第一は、知識と倫理道徳を一体不離と見る点である。「知行合一」とはそうした儒教の学問論の特色を言い当てたものと見ることができる。つまりは空理空論を弄ぶことをよしとせず、なによりも倫理に裏打ちされた実践を重視するということ。第二は、技術技能教育（スキル）よりも倫理道徳教育（人格の陶冶）の重視。儒教は、手先の技能を身につけることよりも、それを操る者が人としての道徳的完成度を高めることを優先した。第三は、十分な学問教育を積むことが結果として「富貴」に通じることを言った。「立身出世」は、儒教倫理の中では決して否定されない。その意味で現世主義と言ってよく、これこそ儒教が宗教と一線を画す大きな理由である。

しかし、こうした考え方が、日本を初めとする東アジアの国々で受験競争が加熱化して、日本では〝受験地獄〟などという言葉も生まれてくる遠因ともなっている。あたかも陸上競技の選手がスタートラインに立って、ヨーイドンで競争して栄冠を手に入れようとするのと同じである。平等と言えば平等だが苛酷である。しかも、こうした教育熱は止どまるところを知らない。この儒教の学問教育観の極めつけは、人は母親の胎内にいる時からその教育が始まっているという「胎教」である。(7)

（五）儒教と労働倫理

明治の資本主義は江戸時代の教育によって準備されていた

このような学問と教育によって理想は実現されるとする儒教の現世主義、具体的に言えば現世における忠（まごころ）・孝（家族思い）と仁（おもいやり）・義（社会正義）などの倫理を重視する思想は、当然のことながら労働倫理としての勤勉、従順、忠実、節約、禁欲、協同、秩序に通じるものであった。つまり、近代資本主義社会を作り上げる上で、封建時代と言われる江戸時代に広く普及した儒教は決して明治以来の近代化を進める上で障害などではなかった。

明治の大実業家であった渋沢栄一[8]は、『論語と算盤』[9]の中で、殖財は善であること、そしてその殖財のためには正しい倫理に裏打ちされていなければならないことを言った。孔子の「不義にして富みかつ貴きは吾に於いては浮き雲の如し」（『論語』述而篇）を想起させるであろう。そうしてそれは、マックス・ウェーバーが『プロテスタンティズムと資本主義の精神』の中で論じたキリスト教、とりわけプロテスタンティズムの倫理が資本主義を内面から支えたと言っているのと同じである。渋沢は、資本主義は孔子の精神によってその内面から支えられねばならないと主張したのであり、また同時にそうでなければ必ず堕落すると警鐘を鳴らしたと言ってもよい。日本の近代化を支えるバックボーンとして儒教倫理が存在したことはもはや否定できない事実である。

（六）儒教の世俗主義

これまで述べてきたことから、儒教とは現世的、非宗教的性格、言い換えれば現実的、功利的性格を持つ倫理思想であったと理解できよう。そして、これが政治と一体化した時、「聖と俗の不分離」、或いは「俗の聖に対する優位」という現象となる。このことは、キリスト教世界、とりわけ旧教世界では、聖職者が俗世界に多くを発信し今も影響力を失っていないこと、イスラム教が席巻しているアラブ世界でも、おしなべて聖職者が俗世界に対して絶大な影響力を持っていることを思うと、東アジア世界、言い換えれば儒教文化圏の特色が浮かび上がってくる。

（七）近世江戸期における儒教の役割

明治の近代化にその内面から貢献したのが儒教倫理であったというのであれば、明治以前の儒教について触れておかねばなるまい。本節では江戸時代における石門心学の流行を取り上げてこのことを検証していこう。

江戸時代に一世を風靡した石門心学

江戸時代の支配階級であった武士が、幕府公認の学としての儒学とりわけ朱子学を学んでいたのに対して、百姓・町人はこれら儒教とは無縁であったとされる。ところが石田梅岩は、「享保（一七一六―三五）以降、学、草莽（そうもう）（＝民間）に下る」の風潮の中、全く独学によって、庶民のための日常倫理道徳として、儒教倫理を下敷きにした「心学」を完成させた。その「心学」とは、儒教思想の他、仏教思想・老荘思想・神道思想など、伝統的な東洋思想をすべて取り込んでいたとされている。中でも、特に儒教の陽明学（心学）に近いとされることから、梅岩の死後「心学」（「石門心学」）と称された。

心学は、やがて武士・大名に至るまで、あらゆる身分のものがこれを信奉するようになったと言われる。

R・N・ベラー著『日本近代化と宗教倫理』は、その「日本語版への序文」において、「私は、この書物で、いかなる非西欧的伝統社会もなし得なかったこと、すなわち日本自身が近代化の過程をとげることのできたその伝統社会の要素を、いくつか明らかにしようとしたのである」と述べて、特に第六章で石田梅岩の心学を取り上げて詳述しているのはその証左である。[10]

「心学」とは「心」の学問

そこで、この梅岩の「心学」であるが、梅岩の主著『都鄙問答』には、学問の究極の目的は「心」を知ることにあるとして、次のように言う。

> 心を知るを学問の初めと云う。……萬事は皆心よりなす。心は身の主なり。（巻の一）
> 聖人の道は心よりなす。文字を知らずしても親の孝も成り、君の忠も成り、友の交わりも成り……只心を尽くして五倫（＝君臣・夫婦・父子・兄弟・朋友）の道を能すれば、一字不学という共、是を実の学者という。……（同）[11]

「心」こそは、人を人たらしめている根本であり、人の善悪、幸不幸もすべて「心」によるというものである。これまで述べてきたように、人の「心と体」こそは、古今東西を問わず変わることなく存在し続ける。人は己の「心」をもととして生きる以上、その「心」の何たるかを知らねばならない、そしてその「心」を知るためのプロセスこそが学びであるという。決して新奇をてらったものではなく、それ自体としては『孟子』を引用しているように古くからの儒教思想の中にある。重要なことは、こうした「心学」

理論が人々の心を捉えて日常生活に応用されて、道徳的人生という考え方が深く広く浸透していったことである。

前近代において上は大名から下は庶民に至るまでこれほど広く深く浸透した儒教思想が、R・N・ベラーの言葉を借りるまでもなく、明治維新以降の日本の近代化に貢献しなかったはずはない。

日本の近代化は「脱亜入欧」、すなわちアジアの遅れた文明を捨てて、ヨーロッパの先進的な文明を積極的に取り入れて近代化を推し進めようとする国を挙げての運動に始まるとされるが、その一方で、江戸時代末期には既に「東洋道徳、西洋藝」（佐久間象山）という、東洋の伝統思想を重視する立場が鮮明に打ち出されていたことからも明らかなように[12]、東洋思想、特に儒教の学問教育思想の果たした役割は極めて大きかった。

（八）近代学校教育における儒教

近世以来の儒教的教養は近代以降も継承された。それは元来、外来思想であるために、日本の風俗や習慣の中から自然発生的に醸成されてきたものではなかったこととも関係して、主に学校教育を通じてなされた。明治期の学校教育において、儒教倫理はどのように教えられたのであろう。

漢文教育と儒教

近世江戸期の漢学隆盛の余韻が明治に持ち込まれたことは周知のことで、例えば夏目漱石（一八六七―

一九一六）は漢学を学ぶために二松学舎に入学したが、後に家族の反対に遭って漢学を諦めて英文学を専攻したように、漢学は魅力ある学問ではあったが、一面で新しい時代には無用のものとうち捨てられつつあった。だがそうした時代でも、学校教育においては、漢学は漢文科として独立した教科として残った。その漢文科の主たる目標は人格の涵養にあり、そのため修身科と並行して道徳教育の一翼を担うこととなった。やがて女学校が設置され女子教育も普及していくが、そこでの漢文教材も、多くは古くから高い評価を受けて読み継がれてきた儒教文献に基づいていた。このように、直接間接に、明治から大正・昭和前期、昭和後期に至るまで、江戸時代以来の儒教倫理は一貫して漢文科の中で取り上げられ続けたと言ってよい。

修身教育と儒教

修身教育においてそれがさらにくっきりと表れている。例えば、江原素六『修身講話』（明治三七年）によって、当時の修身科教育が目指したものとそのための教材を見ると、一目瞭然である。

正心（聖書・『論語』）・誠意（『孟子』・『中庸』）・改過（『春秋伝』・『中庸』）・孝（『孔子家語』・『論語』・『詩経』・『孟子』・『曾子』）・悌（程頤・『詩経』）・朋友（『論語』・『顔子家訓』・セネカ・『論語』・『孔子家語』・『易経』）・食事・惜陰（コレリッチ・佐藤一斎）・苦学・貯金・立志・勉強（『中庸』・『論語』・『孟子』・『荀子』・頼山陽）・正直（『詩経』）・柔和（聖書・孔子）・忿怒・親切・快活・宏量・廉恥（『孟子』・『管子』）・職業（プラ

トン・フィヒテ・ワシントン・ウェリントン）・勤労（スマイルス・孔子・子思・ボニス・ソロモン）・報恩（カント・新井白石）・義務・不義

ここに明治近代に求められた国民道徳が儒教の掲げる徳目とほとんど一致していることに気付く。この事実は決して偶然ではなく、近代化を進めるために不可欠と考えられた国民道徳が前近代的伝統儒教の倫理と些かも矛盾しなかったのである。

「教育勅語」に見る儒教倫理

朕惟フニ　我カ皇祖皇宗　國ヲ肇ムルコト宏遠ニ　徳ヲ樹ツルコト深厚ナリ。我カ臣民　克ク忠ニ克ク孝ニ　億兆　心ヲ一ニシテ　世世厥ノ美ヲ濟セルハ　此レ我カ國體ノ精華ニシテ　教育ノ淵源亦實ニ此ニ存ス。

爾　臣民　父母ニ孝ニ　兄弟ニ友ニ　夫婦相和シ　朋友相信シ　恭儉己レヲ持シ　博愛衆ニ及ホシ學ヲ修メ　業ヲ習ヒ　以テ智能ヲ啓發シ　徳器ヲ成就シ　進テ公益ヲ廣メ　世務ヲ開キ　常ニ國憲ヲ重シ　國法ニ遵ヒ　一旦緩急アレハ　義勇公ニ奉シ　以テ天壤無窮ノ皇運ヲ扶翼スヘシ　是ノ如キハ　獨リ朕カ忠良ノ臣民タルノミナラス　又以テ爾祖先ノ遺風ヲ顯彰スルニ足ラン。

斯ノ道ハ　實ニ我カ皇祖皇宗ノ遺訓ニシテ　子孫臣民ノ倶ニ遵守スヘキ所　之ヲ古今ニ通シテ謬ラ

朕惟フニ我カ皇祖皇宗國ヲ肇ムルコト宏遠ニ徳ヲ樹ツルコト深厚ナリ我カ臣民克ク忠ニ克ク孝ニ億兆心ヲ一ニシテ世々厥ノ美ヲ濟セルハ此レ我カ國體ノ精華ニシテ教育ノ淵源亦實ニ此ニ存ス爾臣民父母ニ孝ニ兄弟ニ友ニ夫婦相和シ朋友相信シ恭儉己レヲ持シ博愛衆ニ及ホシ學ヲ修メ業ヲ習ヒ以テ智能ヲ啓發シ德器ヲ成就シ進テ公益ヲ廣メ世務ヲ開キ常ニ國憲ヲ重シ國法ニ遵ヒ一旦緩急アレハ義勇公ニ奉シ以テ天壤無窮ノ皇運ヲ扶翼スヘシ是ノ如キハ獨リ朕カ忠良ノ臣民タルノミナラス又以テ爾祖先ノ遺風ヲ顯彰スルニ足ラン

斯ノ道ハ實ニ我カ皇祖皇宗ノ遺訓ニシテ子孫臣民ノ倶ニ遵守スヘキ所之ヲ古今ニ通シテ謬ラス之ヲ中外ニ施シテ悖ラス朕爾臣民ト倶ニ拳々服膺シテ咸其德ヲ一ニセンコトヲ庶幾フ

明治二十三年十月三十日

御名御璽

「尋常小学修身書巻四・児童用」巻頭による　大正九年十月十八日発行　文部省著

ス　之ヲ中外ニ施シテ悖ラス　朕爾臣民ト倶ニ
拳拳服膺シテ　咸其徳ヲ一ニセンコトヲ庶幾フ。
明治二十三年十月三十日
睦仁　天皇御璽

戦後、民主主義を標榜するわが国において戦前の軍国主義を煽ったとして批判され全否定されたのが明治二三（一九〇〇）年に公布された「教育勅語」であった。この中で、「克ク忠ニ　克ク孝ニ　億兆心ヲ一ニシテ　世世厥ノ美ヲ濟セル」とか、「父母ニ孝ニ　兄弟ニ友ニ　夫婦相和シ　朋友相信シ　恭儉己レヲ持シ　博愛衆ニ及ホシ　學ヲ修メ　業ヲ習ヒ　以テ智能ヲ啓發シ　徳器ヲ成就シ」などは、明らかに儒教倫理を下敷きにしている。すなわち、儒教が掲げる人間関係の基本類型である「五倫」と呼ばれる「君臣・父子・夫婦・兄弟・朋友」と、「五常」と呼ばれる「仁・義・禮・知・信」の一端が示されているからである。この

「五倫五常」こそ前近代において最も重視された儒教倫理であった。

さらに、「恭倹己れを持し、博愛衆に及ぼし……」とあるのは、『論語』学而篇の「子曰、弟子入則孝、出則弟、謹而信、汎愛衆而親仁、行有余力、則以学文（子曰く、弟子入りては則ち孝、出でては則ち弟、謹みて信あり、汎く衆を愛して仁に親しみ、行いて余力有らば、則ち以て文を学ぶ）」を典拠にしており、「啓発」の語は、『論語』述而篇の「不憤不啓、不悱不発、挙一隅而示之、不以三隅反、則吾不復也（憤せずんば啓せず、悱せずんば発せず、一隅を挙げて之に示し、三隅を以て反さざれば、則ち吾れ復びせざるなり）」を典拠にしており、また、「済美」の語は、耳慣れないことばであるが、同じく儒教経典（五経）の一つ『春秋左氏伝』の文公十八年「世済其美、不隕其名（世よ其の美を済し、其の名を隕さず）」によっている。

戦後民主主義教育と儒教倫理

戦後も、儒教倫理は、身分差別を肯定する封建道徳であり唾棄すべきものとして葬り去られ、代わってアメリカ主導による「民主主義」が国是になったが、これは政治制度であって、日本人に新しい倫理を教えるものではなかった。このとき、儒教倫理はやはり新制高校の漢文教科書を通じて細々ながら教えられ続けた。しかしそれはもちろん「儒教」としてではなく「先哲の知恵」としてであったが、そこで取り上げられたのは、これまでと変わらない孔子であり孟子であった。所謂「孔孟の教え」は引き続き生き残ったのであるが、これまでのような〝絶対〟的価値は与えられることなく、あくまでも老荘・法家など中国古代思想のひとつとして位置づけられ、相対化されて教授された。しかし、そうではあっても、儒教倫理が民主主義的価値観に抵触することのない、いわば古今東西という時空を越えた普遍的価値をもつことは否定できなかった。ここに、東アジアの近代化と儒教が結びつけられて考えられる根拠がある。

まとめ

儒教倫理は、元来は日本固有ではなく外来の倫理である。従ってそれはわが国に伝来した当初から、教育を通して目的意識的に自覚的組織的に教授されない限り普及し難かったのだが、千年を超える長い年月を経て、広く深く浸透し、現在では日本文化の血肉となって、もはや外来思想であるという認識を持ちにくいほどに根付いてる。そうして、これまで儒教倫理が果たしてきた役割の大きさを思うと、引き続きわが国の風土の中で生き続けることであろう。ただし「漢字文化圏」が同時に「儒教文化圏」であるとしても、それはわれわれが儒教の影響下にある、あるいは支配下にある、ひいては儒教を生んだ中国の影響からいつまでも脱しきれないでいることを意味するものではない。

第三章　自然観――自然と人間の関わり――

はじめに

「あなたが信仰する神は何ですか」

三〇年以上も前のことだが、アメリカでの一年間のホームステイを終えて帰国した高校生が、彼の地で「あなたは何を信仰しているのか?」と聞かれて答えに窮したことがあると私に話してくれたことがある。キリスト教徒でも仏教徒でもなかった、というよりは問いかけられるまで宗教に対して全く無関心であった彼は、この場で何も信仰していないといえば、無神論者として批判にさらされるだろうと直感したので、思わず「自然です。僕は自然を信仰しています。」と返答したのだが、その答えは間違っていなかっただろうか、それでよかったのだろうか、と言うのである。

「私（日本人）は『自然』を信仰しています」

このような問答のきっかけが何だったのか、あまりに旧いことなので思い出せないが、この問答自体は印象的だったのでとてもよく覚えている。なぜ印象的だったかといえば、神ではなく自然を信仰するという考え方が東洋思想を考える上でとても意味深く思えたからである。

ところで〝自然を信仰する〟とは具体的にはどういうことなのだろう。人格化された「神」や「仏」ならば、それに祈りを捧げるという信仰のあり方がすぐに思い浮かぶのであるが、その信仰の対象が「自然」だとすればどうなるのであろう。このことを手がかりに、東洋思想における伝統的自然観について考えていきたい。

（一）日本人と自然の関わり

日本人の苗字に見る自然との関わりの深さ

日本人の姓（苗字）は、同じ漢字文化圏に属する中国人や韓国人の「姓」（それは主に漢字表記される）と比べると、二つの点で大きな特色がある。一つ目は、種類が多いこと。二つ目は、自然と関わりのある苗字がとても多いことである。ここでは特に後者について取り上げて考えてみよう。

身近な知人や友人をひとりひとり思い浮かべながら彼らの苗字を指を折って数えていくと、例えば、山や海、河（川）、丘、野原、池など自然の地形が、あるいは植物・樹木（松・杉）の名が、もしくは動物の名が、苗字のなかに含まれていることが多いのに驚かされる。あまりに日常的過ぎて意識しないほどであるが、これは世界の「姓」と比べてみても際だった特色と言えるのではないだろうか。そしてこのことが日本人が自然に対して親しみを抱いていた、或いは自然と共に暮らしてきたことを如実に反映しているひとつの証拠と言ってよいのではないか。

信仰対象としての自然

世界中に古くから自然界の事物に神霊が宿っているとしてこれを崇拝するアニミズム（animism）や自然そのものを神とするパンセイズム（pantheism）が広く存在していることはよく知られている。わが国ではこうしたアニミズム信仰が仏教と習合して「山川草木悉皆成仏」とか「山川草木悉有仏性」といわれて、山や川に暮らす生き物、山野の木々や野原に生い茂る草花、言い換えれば森羅万象に仏性が備わっている、つまり仏になることができると考えられてきたこともよく知られている。本来「成仏」の「仏」とは「悟りを開いた人」のことで、釈迦のように修行を通じて悟りを開いた覚者を指して言うのであるから、本能だけで生きているようにしか見えない鳥や獣が、まして意識すら持たない草や木までが「仏」になれるなどと発想すること自体おかしなことなのである。このような発想は本来のインド仏教にはなかったはずである。それがわが国ではこのような変質を遂げて、しかもそれが人々に受け入れられていったのはなぜかと考えると、仏教信仰とは別に、もとから日本人は人とそれ以外の生き物との間にさしたる区別をつけていなかったからだと思われる。確かに日常生活においても、「一寸の虫にも五分の魂」ということわざがあり、「朝顔につるべ取られてもらい水」（加賀千代女）という俳句があるように、生き物すべてに対するある意味での仲間意識、もう少し厳密に言えば人間と同様な尊厳を認めていたことは間違いないように思える。

ここに自然界の事物そのものを崇拝の対象とする宗教意識の根底にあるものを見ることができる。以下にはもう少し日本人に限定してその自然観の一端を宗教意識との関連で見ていくことにしたい。

針供養等に見る日本人の宗教意識

「供養（くよう）」の本来の意味は、仏に飲食などの供物を真心から捧げることで、仏教儀式の一つであった。このためわが国では、仏前で死者や祖先に対して行う儀式のことを供養と言ったが、やがて動物等に対する供養、さらには「針供養」のように生き物でない生活用具等に対しても供養ということが行われるようになった。(1) 現代では各種各様の「〜供養」が執り行われて、一種の社会現象になっている。まさに「山川草木悉有仏性」「山川草木悉皆成仏」を地で行くものである。

ペットとの別れ

家族同様に暮らしていた犬や猫が死ぬと、家族の一員として丁寧に火葬し埋葬することもなされている。

長年、愛着を持って遊び相手にもなってくれた人形やぬいぐるみが不要になって処分するときも、他のおもちゃと同じように可燃ゴミとして処分してしまうことには心理的抵抗があって、神社に持って行きお祓いをしてもらって焼却処分する、つまり「お焚き上げ」して初めて安心できるという不思議な心理を持ち合わせている。最近では神社側もぬいぐるみの焼却には手を焼いているようでお焚き上げはせずに、お清めの塩を手渡して、それでめいめいがお祓いをしてその後で他の可燃物ゴミと一緒に処分する方法に切り替えたところもあるそうだが、これは神社だけのことではなく仏教寺院でも同様に僧侶の読経とともに「人形供養」「人形ぬいぐるみ供養」という儀式が行われている。これらは「一寸の虫」ばかりか単なる「布の塊」にさえも魂が宿ると考えることに起因している。

贖罪意識が～供養に駆り立てる

長年裁縫に使った縫い針を集めて皆で供養する「針供養」という儀式も、命のない物に対して行うという点で、類似した心理の反映と見ることができる。釣り客で賑わう鱒釣り場に「鱒供養」の石碑が建っていることもある。またふぐの産地では「ふぐ供養」をしているという。魚類に対しても人に対するのと同様、成仏を願っての「供養」なのである。養豚から加工・販売までを行っている企業では「豚」を供養する儀式が行われており、このための「豚供養碑」もある。これも同じ心理に由来する。つまり、商売のためとは言え彼らの命、しかも莫大な数に上る命を一方的に奪っている（＝この場合「頂いている」という言い方がされる）ことへの済まなく思う気持ちが、人をそうした行動に駆り立てている。このことは、それに直接携わったことはなくとも、日本人であればごく自然に理解できてしまう。

雁供養にみる日本人の優しい心根

こうした習俗がいつ頃から始まったのかは知らないが、春先、大陸へ向う渡りの季節が過ぎてもまだ海岸に木片が残っていると、それは旅先で（つまり日本で）不幸にも命を落としてしまった雁のものであると考え、その雁を供養するために、流木で焚いた風呂を旅人に振る舞うという風習が東北地方にあったといわれ、これを「雁供養（かりくよう）」とか「雁風呂（かりぶろ）」といっているそうだ。従ってこれは相当に古くからの習俗だったのであろう。そうしてこれらには、日本人の伝統的な自然観が反映していると見ることができる。

（二）「天」に対する思い

「天」ということば

「天」という文字がある、言葉といった方がよいかも知れない。それは単に「文字」というよりはある大きな力を持った存在として常に意識されているからである。ただし文字として見ればそれは漢字で、しかも「てん」という音は、日本語化してはいるけれども元を正せば中国語である。言い換えれば、「テレビ」とか「パソコン」と同じ外来語なのである。大陸から「天」という言葉が文字とともに伝わり、そしてそれが音読のまま日本に定着して、日常生活の隅々にまで浸透した結果、今ではそれが外来語であるという自覚もないまま使われている。その意味では、われわれ日本人の意識下にしっかり植え付けられているのが「天」の思想であると言ってよい。

天と人の関係

では、そもそも「天」とはどのような意味であろうか。「天」とは「人」を超えた圧倒的な力そのものであり、また、そうした圧倒的な力を持ちそれを行使することができる超越的な存在を意味する。それゆえ、それは時に「神」として認識されることもある。例えば、人知に対して「天意」（例えば、「天意は測りがたい……」など）、「人工」に対して「天然」、「人災」に対して「天災」などである。

天とは自然のこと

「天災」という単語はより現代風に「自然災害」と言い換えることもできる。どちらの言い方に従うにしても、本質は「人」が起こしたのではなく、またそれ故に人の力では逃れることも避けることもできない、ただ受け入れるより他ない災害という意味である。このことから「天」には「自然」という意味があることも見て取れる。

天とは神のこと

いささか古い言葉になるが、明治の初め、福沢諭吉は『学問のすゝめ』のなかで「天は人の上に人を造らず、人の下に人を造らず」と言った。このときの「天」とは何か。「造らず」と言うのだから、先の「天災」の天とは異なり、ここには何か意志的な存在を想定しているのだろう。それも人間以上の偉大な意志の力を持つ存在である。その意味でこの場合の「天」には「神」という意味があると言える。

そうすると、「天」とは、「自然」であり、また「神」でもあるということになる。そしてそこに共通しているのは、人を超えた意志と圧倒的な力を持つある実在として「天」が捉えられていること、そして人は、好むと好まざるとにかかわらず、その「天」のもとで、言い換えれば、「天」の支配を受けて生きていると考えられてきたことがわかる。

天に支配される人

一方、「自然」という言葉を考えてみよう。「自然環境」とは、海や山や森や林などを指しており、これらは「人」が作り出したものではない、はじめからそこにあるものである。それは「人」が利用することはできても、それを作り出すことはできないものであると同時に、それを離れては生きていくことができない不可欠な存在である。だからこそ、「自然を大切」にとか、「自然環境保護」ということが言われる。

そしてそうした意味の「自然」を、「天」の語で言い換えることができるのであるから、「人」は「天」との関係を絶つことができないし、むしろそれ無しでは生きることができないということだ。「天」は、「人」を超える超越的な力を以て「人」を恐怖に落とし入れると同時に、「人」の生存をどこまでも保証してくれる恵み深い存在でもある。こうした「天」の観念は日本に独特のものではなく、それが元来漢語であることからもわかるように中国大陸にも古くから根付いている観念であった。

自然体

日本語には「自然に振る舞う」とか「自然体」という言い方がある。だがこの場合は「自然」を「天」に置き換えることはできない。「天に振る舞う」とか「天体」などの言い方はないからだ。そこで「自然」それ自体の意味から考えていかなければならないことになるが、「自然」とか「自然体」という言葉自体はわれわれにとって決して難しいものではない。人の望ましい心の持ち方や態度についていう時にも使う言葉である。普段、ついあれこれと考えて行動してしまうわれわれだが、それがかえってマイナスの結果を生んでしまうことがある。そこでこのことをよくわきまえて、そうした作為を思い切って捨て放って、言い換えればそのときばかりは何も考えずにありのままに振る舞うことをよしとするのである。これはわれわれにとっては一種の伝統的な価値観であり、処世法であると言ってよい。しかしこの「自然体」を身につけることは、易しそうに見えてとても難しく、「心と体」の修練を必要とすることは第一章で述べた通りである。

東洋の思想伝統に根ざす天

このように考えていくと、「天」という言葉や「自然」という言葉は、われわれにとってとても耳慣れたものであると同時に、それらが実は東洋の伝統思想の大きな特色をなしてもいることに気付く。言い換えれば、われわれは無自覚のうちに東洋の伝統思想のなかに生きているのである。

（三）「気」の思想

「人」と「気」の関係

「天」や「自然」を考える際に、「気」ということばを補助線にしていくととてもわかりやすい。「気」という概念を軸に「自然」を考えてみよう。例えば、今でもわれわれは、「天気予報を見る」とか、「新鮮な空気を取り入れる」とか、「あの人は人気がある」とか、「気持ちが休まる音楽を聴く」とか、「電気が止まる」とか、「気合いを入れる」「気力を絞る」とか、最近では「気功を習う」とかというように、

「気」ということばをとても便利に使いこなしている。われわれは様々な「気」に囲まれて暮らしていると言うべきであろう。

その「気」は、まず天気として人の外側を包んでいる。次に人気のように人と人の関係を表すときにもそれが関わっている。気持ちのように自分の心のあり方をいい表すときにも使っている。電気のように物を動かしたり明るくしたりするときのエネルギーとしての意味でも使っている。このように「気」は人の外にも中にもありながら、われわれの目には決して見えないのである。つまり、「気」は、目には見えないが確かに実在し、それはあるエネルギー(パワー)を持っており、しかもそれは自然と人間を貫いてあまねく存在していると考えられているわけである。これを気の思想とか気の哲学とかいい、古代中国に淵源を持ち、わが国へも古くから伝来し、現在では日常語のなかにすっかり定着してしまっている。この気の思想を先の天の思想と結びつけて考えて見よう。

「天」と「人」と「気」

「天」は何からできているのかと言えば、それは「気」でできている。では、「人」は……?。やはり「気」でできている。つまり、「天」も「人」も同じ「気」でできているわけである。だから、「天」と「人」は別々にあるのではなく、ひと連なりの存在として捉えられなければならない。それだから、「人」と「人」の間がそうであるように、「天」と「人」の間も、実は目に見えない「気」で互いに通じ合っている。つまり「人」と「天」は対立する関係にないということである。言い換えれば、「人」にとって

「自然（＝天）」は戦ったり征服したりする対象ではない、むしろ「人」は「天」の一部、ということになる。

（四）自然との一体感

東洋思想にとって「自然」とは何か――漢学者と仏教学者の対話から――

日本を代表してきたいずれ劣らぬ高名な漢学者と仏教学者の対談から探ってみよう。

【諸橋[2]】仏教の慈悲の慈は、「茲」（草がしげること）に由来する、……老子の「三寶」の一つは「慈」……儒教では「仁」（植物の種子を原義とする）、東洋の教えの根底は、植物というものからだんだん考えをまとめてきた……日本語の「恵む」は「芽ぐむ」、「愛づる」は「芽出づる」、「めでたい」は「芽出てたい」、「珍しい」は「芽出らしい」。

【中村[3]】自然と人間、天地とが一体になっている気持ち。これはどうも東アジア……漢字文化圏……自然との一体のものが今もなお機械文明のなかでも生きている……日本の自然破壊は……日本人の自然愛好心が非常に影響している……日照権という問題……あれは西洋にはない……英語に「日照権」という言葉はありません……都市と自然環境とが一体化するような都市建設……自然の趣を生かそうとする……庭園造り……日本の風土は美しい……アメリカの学生が映画「羅生門」を見て日本の風景の美しさに驚いた[4]。

【鎌田】[5] 自然との一体感というところから起こったのが東洋思想。
【中村】 西洋人がどうしても自己を主張し、利害に敏感になるというのは、これはもう生活経験から見て当然……ところが、日本人というのは、美しい自然に囲まれて、古くから定住している。だから定住民としての倫理ができあがっている……あまり自己を主張すると、どうもぎすぎすして具合が悪い。草木がずーっと茂るように人間もそこに居ついている。……仲良く暮らしていきましょうというので、それで和の倫理というものが日本人に割合受け入れられやすい[6]。

人と自然の一体感が自然への親しみを生んだことは確かであり、ここでは言及されていないが、その一体感があまりにも行きすぎてしまったために、何をしても受け入れてもらえるという自然に対する甘えが昂じて自然破壊を無反省に進めてしまったとも言われる[7]。

ある西洋哲学研究者の東洋観

この他、長年西洋哲学を研究し、東洋の思想に深い関心を寄せ東西の思想の相違について論じた倉沢行洋氏も、この人と自然との一体感について、仏教・儒教などにおける用例を挙げて論じている。仏教においては、「東洋的世界観の特色は、西洋的世界観と比較した場合に著しく違う点は、人間と万物とが、根本的に一つであるという見方……」にあるとした上で、先にも紹介した「一切衆生悉有仏性（イッサイシュジョウ シツウ ブッショウ）」の他、「衆生本来仏（シュジョウ ホンライ ホトケ）」・「衆生無辺誓願度（シュ

ジョウ ムヘン セイガンド）」・「有情非情同時成道（ウジョウ ヒジョウ ドウジ ジョウドウ）」・「草木国土悉皆成仏（ソウモク コクド シッカイ ジョウブツ）」・「山河大地日月星辰同一仏性（センガ ダイチ ジツゲツ セイシンドウイツ ブッショウ）」・「山河大地浄明心（センガ ダイチ ジョウミョウシン）」・「渓声便是長広舌／山色豈非清浄身（渓声すなわち是れ長広舌／山色豈清浄心に非ずや）」などを引用してそれらは皆同じことを言っているとしている。そして、同様な思想は儒教においても見られるとして、「天地与我同根、万物与我一体（天地は我と同根、万物は我と一体）」・「天地与我並生、而万物与我爲一（天地は我と並び生じ、而して万物は我と一爲り）」・「万物皆一／万物一斉」など次々と引用している。長年西洋の思想や哲学を研究してきた視点からは、こうした言葉は東洋の際立った特色として目に映るのであろう。さらに倉沢氏は、こうした観念は仏教や儒教といった体系化されたものでなくとも、例えばひとりの登山家の中にも見いだせるとして、「山に登るとき〝人間が自然と一つになる世界〟で感動するのだ……〝自然の中に息づいて山登りする〟……」とか、「自己・人間と天地自然の万物が根本一つである。その根本ひとつのところが〝いのち〟だ。その一つの〝いのち〟を万物も人も共に生きているということです。……」、これを「自然自己一元の生」と名付けて紹介している。(8)

（五）天罰の思想

ある元東京都知事の「天罰」発言

「天罰」という言葉がある。去る二〇一一年三月一一日の東日本大震災発生直後、石原慎太郎都知事

（当時）がこれを「天罰」であると言ったことが報道されて、多くの反響があった。その大部分は批判であったように記憶する。その報道とは次のようなものであった。

> 石原慎太郎・東京都知事は14日、東日本大震災に関して、「日本人のアイデンティティーは我欲。この津波をうまく利用して我欲を1回洗い落とす必要がある。やっぱり天罰だと思う」と述べた。都内で報道陣に、大震災への国民の対応について感想を問われて答えた。
>
> 発言の中で石原知事は「アメリカのアイデンティティーは自由。フランスは自由と博愛と平等。日本はそんなものはない。我欲だよ。物欲、金銭欲」と指摘した上で、「我欲に縛られて政治もポピュリズムでやっている。それを（津波で）一気に押し流す必要がある。積年たまった日本人の心のあかを」と話した。一方で「被災者の方々はかわいそうですよ」とも述べた。
>
> 石原知事は最近、日本人の「我欲」が横行しているとの批判を繰り返している。[9]

なぜ石原氏はこのような発言をしたのであろうか？　もちろん彼のこの発言は批判されるべきであろう。「天罰」というのは、ある者がかつて犯した誤りについて、人が罰することがないので、あるいはできないので、天が人に代わって罰することを言うものである。だからこの度の大震災について「天罰」ということばを使うとすれば、あの原発事故をこそ天罰と呼ぶにふさわしいかも知れない。しかしそれさえも、そのために避難を余儀なくされた周辺の地域住民はといえば、この事故に対して全く罪（＝責任）がないのだから、そうした人々に向かって「天」が罰を下すというのは筋違いである。従って、今回の大震災を「天罰」ということばを使って表現するのはやはりどうみてもふさわしくない。石原氏の考えでは、今の日本人すべてに対して下された天罰という意味なのだろうが、そうした見方は公平ではない。あの原発によって日常生活のほとんどを失ってしまった日本人がいる一方で、ほとんど何らの痛痒も感じることなく日常生活を続けている日本人もいる。まさか、被災地の人々が日本人を代表して天罰を受けたなどと言う論理はどう逆立ちしたって出てくるはずはない。放射能汚染のひどい地域では、津波による死者を埋葬すらできずにいたと言われる。まことにお気の毒と言わなくてはならない。石原氏の現代の日本の風潮に対する憤りはわからないでもないが、それをこの度の大震災と重ね合わせて、あまつさえ被災地の人もそうでない人も、とにかく同じ現代日本に暮らすからと、十把一絡げにして「それ見ろ！　だから天罰が下ったんだ！」などと啖呵を切るべきではなかったと、今でも思っている。

天罰思想の背景にある天人相関思想

ところでこの「天罰」とはどのような意味か？「人罰」とどう違うのであろうか？　なぜこのような発想が生まれたのであろうか、それを考えてみたい。

そもそも人は神の如き天の支配を受けていると言ってもよいし、人は自然の恵みを受けてこそ生きられると言ってもよい。また先にも述べたように、天のはたらきとは、言い換えれば自然現象のことであり、だとすればそれは「気」によって作り出されたものである。また「人」も自然の一部として、天の「気」

と同じ「気」でできていると考えられていたから、「人」と「自然」は決して対立する関係ではなく、同じ「気」を持つ同「類」と見ることができる。だから親が子を叱ったり褒めたりするように、「天」も「人」を叱ったり褒めたりできると考えた。そればかりか、親子の間は目に見えない絆で繋がっていて、互いに感応し合うと考えられたように、「天」と「人」も目に見えない絆で繋がっていると考えられてきた。これを天人相関思想と言い、この天人相関思想が天罰思想の背景にある。そうした思想のもとでは、いかなる天災もそれは天の意思の表れ、即ち天罰と考えられ、天災に遭った時の為政者は深い反省が求められた。

（六）風水の思想

風水に見る「気」の思想

「気」の思想による自然環境の説明原理として発達した思想に「風水」がある。この思想は、古代中国において著しい発達を見せ、わが国にも伝来したがついに定着しなかったものの、今ではすっかり形を変え、折からの占いブームに乗って「風水占い」の名前で時代のファッションのようにもなっている。残念なことに、それは本来の風水とは非常に違ってしまっている。ところでこの「風水」とは、「風」という自然現象と「水」という自然物によって、人を取り巻く具体的でかつ変化して止まない自然環境を総称して言うものであり、元来は人と「自然」との関わり合いの中で生まれた思想である。変化極まりないうえに人間が自由にコントロールできない圧倒的な存在である自然を受け入れ、これを巧みに利用することで、日々の暮らしを安全にそして豊かにするために生まれた知恵である。同じように自然を意味する言葉として「山河」があるが、こちらはむしろ人のような有限な生き物とは違って、時を超えて在り続ける非人文的環境として捉えられている。

もともと「自然」という語には、現在のような抽象名詞的な意味はなく、「突然」や「偶然」などと同じように、「自ずから然る」という状態を表す副詞であったから、現在のような意味での「自然」を言い表す場合は「山河」などという具象名詞が使われていた。古代の人々は、「風水」の教えるところに従って、家を建て、墓地を作り、集落を作り、都市を作り、畑を作り、林を作り、そして「山河」の恵みを受けて暮らしてきた。自然界の異なる側面を「風水」と「山河」の二通りの語で使い分けたのであろう。

日本では風水の思想は定着しなかった

自然のなかで自然と共に生きる知恵と言ってよい「風水」が、古代朝鮮に伝来しやがて日本にも渡ってきたとされる。朝鮮では定着したようであるが、わが国では定着しなかった。なぜなのかその理由はよく分からないが、思うに、日本では、「風水」によって宅地・田畑・樹林帯の配置など、自然環境の精密な観察によって生活環境を整えても、それによって得られるメリットがあまりなく、むしろ頻発する台風や地震によって一瞬にして台無しになってしまうことが少なくなかったからではないかと思われる。つまり、わが国土における自然環境は大陸で発達した風水理論がそのままでは適用できない自然環境だったからだろうと想像でき、ここに日本人の特異な自然観が生まれる背景があったのであろうと思われる。「暦」は一年の季節の移り変わりを示しているが、「暦の上では○○」とよく言われるように、大陸生まれの暦が実際の季節感とずれてしまっていてそのままでは日本ではあまり役立たないのとそれは同じであろう。

(七) 東洋へのまなざし

西洋の自然観と東洋の自然観

小坂国継氏は、『日本書紀』『万葉集』の「神ながら」、親鸞の「自然法爾」、道元の『正法眼蔵』、本居宣長の「神ながらの道」、さらには『老子』、『荘子』、西田幾多郎などを論じて、西洋近代の自然観と、東洋の伝統的自然観とを対比して、後者の特徴を次のように指摘する。

西洋では自然と文化(人)を対立して見る

第一に、西洋においては、一般に、自然は文化と対立するような野蛮な状態であり、したがって人間の手によって加工され、改良されるべき対象と考えられてきた。そこでは、自然状態から社会状態ないし文化状態への移行は、歴史の向かう必然的な発展の方向と見なされている。これに対して、東洋では、伝統的に自然は、「おのづからしかあらしめる」ことと考えられ、人間の側の一切の行為やはからいのない、物がその本来の姿のままである状態であると考えられた。

東洋では自然と人は一体と見る

第二に、西洋においては、自然はわれわれの自己の外に、自己に対立して存在するものと考えられているが、東洋においては、自然は自己と別個の存在ではなく、もともと両者は一体にして不二なるものとして考えられている。自然は自己の内なるものであり、そして内なる自己が自然である。それで自然の外に自己はなく、また自己の外に自然はない。というよりも、ここでは、自然と自己という二元的な対立の図式そのものが否定されている。

東洋は自然を神聖と見るが西洋は人に従属する存在と見る

第三に、西洋においては、自然は被造物であって、神とは別個の存在であり、また「神の似像（にすがた）」としての人間とも別個の存在である。自然は人間のために存在しているのであり、人間の支配と利用のためにある。一言でいえば、「自然は神聖なものではない」。自然は自己目的を持たない従属的な存在である。一方、東洋においては、古来、自然は神聖なものと考えられ、自然のなかに霊や魂が宿っていると考えられた。それゆえ、自然の声なき声を聴き取り、形なき形を感じ取ることが求められた。東洋の自然観は多分に汎神論的であり、物活論的であり、アニミズム的である。(10)

今だに世界は西洋と東洋の二つしかないようなステレオタイプな発想が残っていることに驚くけれども、何と言ってもこの二分法はとにかく便利である。ここでは倉沢氏も、これまで本書で述べてきたことと同様なことを述べている。やはりこれが東洋に向けられたまなざしと言うべきなのであろう。そこで、こうした東洋へのまなざしを十分意識しつつ、将来に向けて有効な自然観を新たに構築することができないものか、次に考えてみることにしたい。

（八）新しい自然観構築のために

ヒューマニズムとは人間中心主義

近代における西洋的世界観の基底にあるのが「ヒューマニズム」であるとして、倉沢氏は、前掲書で次のようにいう。

> 人間が、世界の中の一切万物を自分の意のままに用い、使う。このような意味で人間が世界の中心であるというのが、ここでのヒューマニズム・人間主義・人間中心主義・人間本位主義です。[11]

「ヒューマニズム」という語が必ずしも肯定的に用いられていないことに気がつく。人間が地球上で自分勝手に振る舞ってきたというニュアンスがある。続けて倉沢氏は「資源、環境」を説明して次のようにいう。

> 資源とは、結局、人間を資（たす）けるということ。……要するに万物は人のためにある――こういう発想が

「資源」という言葉にはしなくも出ている……。だから人間のエゴイズムから出た用語だ。（七頁）
「環境」とは、要するに「人間のまわりのところ」という意味です。……人間が真ん中にいて、人間以外の万物がそのまわりにある。そういう人間中心的な、ヒューマニズム的な発想がこの「環境」という言葉にはあるのです。（八頁）
「自然を守れ」とか「自然を保護せよ」……という場合の「自然」は、「自然環境」という言葉がよく示しているように、たいてい環境としての自然、つまり人間のまわりにあって人間のためになる自然、資源としての自然、という意味です。……自然保護運動は、実はこのような人間のための運動、自然保護というよりは人間保護の運動である[12]……。

人間中心主義が産み出した環境問題

環境とか資源とかわれわれが何気なく使っている言葉それ自体に実は人間の自然に対する傲慢さが顕れていると言う。また、そうでなければこのような言葉が口から出るはずはないと言う。確かにそうであろう。「環境」という言葉にも、「資源」という言葉にも、その前提に「人間のため」という考え方がある。だから科学技術が発達を遂げることができたのも、その根底に「ヒューマニズム」があったから、つまり言い換えれば環境や資源を人間の都合に合わせて破壊し収奪することにその目的があったとして次のようにいう。

ヒューマニズムが、近代における自然科学技術のめざましい発達の基礎なのです。人間を世界の中心に据えて、そのまわり、つまり環境を構成する万物を資源として利用する―その利用がいかにしたら、より効果的に行われるか。そういうことを根本のモチーフとして科学技術が発達してきた……科学技術が発達する……根本的モチーフは一つのヒューマニズムです。[13]

これは、先の西洋と東洋のステレオタイプの文明観に即して言えば、このような人間中心主義的な西洋的自然観を反省して、今一度東洋的自然観を見直そうというのである。

環境に対する人間の倫理的責任

グローバル化の進んだ現代にあってこれからの新しい自然観を模索するにしても、西洋はダメだから東洋でというわけにはいかない。このためのヒントを与えてくれるのが新しい自然環境論としての「環境倫理学」であろう。すなわち、近代以降の急速な工業化がもたらした環境破壊とそれによって引き起こされた公害問題の反省から、従来の倫理学が人と人の間の関係のあり方だけを考察してきたことを反省し、人は自然に対しても、他の生物に対しても倫理的責任を負っているとして、新たな倫理規範を構築していかなければならないと考えるようになった。これこそは自然を人のためにあるとするのではなく、人と自然を一体的に考えたうえでの新しい環境論に繋がる発想と言えよう。

そうした考え方が生まれてくる一方、わが国は長年自然との良好な関係を保ち続けいていたにもかかわらず、近代化工業化の過程で大規模なそして取り返しの付かない自然破壊を進めてしまったのはなぜであろうか、という反省が起こった。この時には、自然を対象化してこなかったから、或いは自然を情緒的に捉えるばかりであったからと考えられたようである。つまり、先にも述べたように自然と一体化するあまり甘えかかりすぎてしまったということである。

ま と め

東洋の伝統的自然観を基に、「環境の世紀」と呼ばれる二一世紀にふさわしい新しい自然観を作り上げていくために、従来の人間中心主義とそれに反対して新たに興った自然中心主義の対立相克を超えて、人間も他の生き物もすべて同じ地球に生きる仲間であるという自覚のもとに、先ず「生命中心主義」とも言うべき価値観を作り上げていくことが必要であろう。[14] そうしてこの問題は次章に取り上げる欲望論とも密接に関連してくるはずである。

第四章　欲望観（1）——東洋思想における伝統的欲望論と現代——

はじめに

われわれにはいつからとも言えないほど、恐らくは人類発祥の時から「もっと……」の気持ち、例えば「もっと腹一杯に」「もっと豊かに」「もっと便利に」「もっと心地よく」「もっときれいに」「もっと速く」「もっと長生き」「もっとおいしく」「もっと、もっと、もっと、もっと……」と言う気持ちを持ち続けて今日まで来たのだろう。言い換えれば、人はおよそ「満足」という経験がないのではないか。いや満足ということがあってもそれはほんの一瞬に過ぎず、その次の瞬間には現状に不満を覚えて、「今以上」「それ以上」を求める。だから「もっと……」には終わりがないのである。

「もっと、もっと、もっと……」

もっとも、この「もっと……」の思いがあるからこそ、個人、企業、国家のレベルでは、「向上心」の現れとして、あるいは「成長」の原動力として肯定されてきたのである。むしろこの「もっと……」の思いがないことの方が、人を停滞に押し込め進歩から遠ざけてしまう困った心理状態であるとも言える。

ほころび始めた「もっと、もっと……」の思い

人類の文明の進歩、発展を促してきたのは間違いなくこの「もっと、もっと……」の思いである。そうでなければ飛行機も新幹線も携帯電話もインターネットも発明されなかったに違いないし、今日のようなグローバル世界はあり得なかったであろう。ところがまた、それと同時に地球温暖化が叫ばれ、種の絶滅が危惧され、環境汚染が世界各地で深刻な公害問題を引き起こしている。こうした世界的規模で起きている現象を、人類が自らの手で作り上げた文明がその原因をなしているとの意見に異を唱える者はいないであろう。つまり「もっと、もっと……」という思いが人を幸せに導いたように見えて、実はあちこちでそれとは反対の、いわば綻びを見せているのである。そこで一部の人は、今の豊かさで十分だ、何をこれ以上求めることがあるだろうか、だからもう「もっと、もっと……」と言うのはやめよう、と言い始めている。しかしそれは先進国に暮らす人々の言い分であって、途上国の人々は、「われわれはまだまだ『もっと……、もっと……』を言い続けなければ満足にはほど遠いし、それを邪魔する権利は先進国にはないはずだ」と正面切って反論もしてくる。つまり「もっと、もっと……」という気持ちに突き動かされて行動することに警鐘が鳴らされている一方で、それを旗印にひたすら発展を目指す国もあるのである。こうして一向に国同士のエゴのぶつかり合いが収まらない。つまり、「もっと、もっと……」の思いとはもともと利己的な感情なのであろう。言い換えれば「欲（欲望）」のことなのである。欲望とは他人に代わって自分が満足することはできないし、まして他人を満足させることでもない、ひたすら自分自身が満足するための心のメカニズムなのである。

本章では、これを欲望観として捉え、東洋の伝統思想ではこれをどのように扱ってきたか見ていくことにしたい。

(一)「欲望」の一般的定義

辞書に見る欲望の意味

一般的には「欲望」ないし「欲」は、次のような熟語になって理解され記憶されている。

△欲求、欲情、欲心、欲望 ▽愛欲、意欲、淫欲、寡欲、我欲、禁欲、五欲、強欲、財欲、私欲、色欲、奢欲、情欲、食欲、性欲、節欲、多欲、知識欲、貪欲、肉欲、物欲、無欲、利欲[1]

ごく一部の熟語を除いてどれも否定的ニュアンスに満ちていることが注意される。つまり「欲望」に対しては、人々は昔から反知性的、反文化的(=情的、本能的)、反社会的(=利己的)な、忌避すべき感情という認識があったようだ。ただしここには個人の生存への欲求から生まれる自然的欲望か、人が社会生活を営む中で形成されてくる人工的欲望かの区別はなされていない。欲望生成のメカニズムについては辞書だから何も語っていないが、本来ならばそれも問題にするべきであろう。

仏教が定義する欲望

そこで、次に古代インドに発祥した仏教において「欲」がどのように定義されているか見ておこう。サンスクリット語でchanda(チャンダ)と言われる語とkama(カーマ)と言われる語はともに「欲」の意味を持つが、両者の意味

は明確に区別されていて、「chanda」の場合は楽欲と訳され、

希望し欲求する心のはたらき。欲には、善、悪、無記の三性があるとされる。善欲は五根（信根、精進根、念根、定根、慧根）の一つである精進のよりどころとして肯定される一方、悪欲のうち他人の財物を欲するのを貪と名づけて根本煩悩の一つとされる。

と説明される。「kama」の語は「愛欲」と訳され、

三界（欲、色、無色）の一つである欲界（食欲、淫欲、睡眠欲など）はこの欲があるからその名称がある。色、声、香り、味、触の五境に愛着するのを五欲（眼、耳、鼻、舌、身）、……また財欲、色欲、飲食欲、名誉欲、睡眠欲を五欲という。

と説明される。(2)

このように仏教においては「欲望」に対する考察が詳細を極めたことがわかるし、しかもその大部分はかなり否定的であったことがわかる。つまり、欲望こそは、人にとって最もその解決が重要でありながら、しかし最も解決困難な問題として扱ってきた人生の根本問題だったということである。こうした欲望論が、仏教哲学の一部としてわが国にも古く渡来したことを忘れてはならないだろう。

欲望の哲学的定義

哲学の世界では「欲望」はどのように定義されているかを簡単に見ておくと、前引の平凡社版『哲学事典』は、

ギリシア以来欲望は一般に肉的なもの、理性に対し精神の劣れるもの、真知から退けられるべきものと考えられたが、近世においては自然衝動を持つ傾向と考えられた。アリストテレスにあっては魂を行動に駆るものとしてやや積極的にパトス（＝情念）の意味を持つ。無欲は老荘の窮境。サルトルは欲望は自己に欠けているものを求め、欠けていない存在になろうとすることであるから、欲望の究極的な意味は神たらんとする企てであるという[2]。

と解説する。ギリシャ以来西洋では仏教ほどには欲望が否定的に扱われてきたわけではないことがわかる。そこで次章の仏教における欲望論に進むための準備作業として、東洋における欲望について一通り見ておきたい。

（二）人と欲望

欲望の二面性

そもそも欲望とは、一般に身体的、心理的欠乏状態を解消して充足感を獲得しようとする普遍的意思な

いし感情のことであるが、この欲望の充足には限界があるために必然的に競争（＝欲望と欲望の衝突）が発生し、そこに勝者と敗者が生まれることは避けられない。これが「優勝劣敗」といわれる競争原理である。このいわゆる「生存競争」が、人類に、戦争という不幸をもたらすとともに、「進歩」という幸福をもたらしてきたことも、疑いのない事実である。そのように考えれば、人の「欲望」には抜き難い二面性、矛盾性があることに直ちに気付くであろう。つまり地球上において人類が築いてきた輝かしい文明こそは欲望の産物であり、また人類のみが経験してきた殺戮戦争も、同じように欲望の産物であった、ということである。

欲望を自明の前提とした現代の経済システム

そのように考えれば、「欲望」それ自体は善でも悪でもないはずで、人がよりよく生きるために必要な生得的機能（＝本能、生まれつきの心のメカニズム）に他ならない。問題は冒頭にも述べたように「欲望」にブレーキが付いていないことである、つまり欲望は際限なく拡大再生産されていくのである。「欲望」を「利」「得」「益」と言い換えることもできよう。この「利」なり「得」なり「益」を求める人の「心」には終着点がない。しかも困ったことにすべての人の欲望を同時に過不足なく充足することは誰にもできないために、その充足（供給）には必ず欲望（需要）とのアンバランスが生じる。これは全く不可避であるから、人の世にはいつでもどこでも貧富、貴賎といった不平等が避けられない。しかも、現代の資本主義経済を基礎とする社会システムは、その人間の心理的メカニズムとそれによって生まれる競争原理を前提としているために、その傾向はさらに助長されている。しかし、これは資本主義社会だから初めて生じてきた現象というわけでは無い。それこそが有史以来の人のありのままの姿であったと言わなければならない。

欲望からの自己解放

そのため、東洋の伝統思想は多く「欲望からの自己解放」を目指してきた。人は決して欲望から逃れられないわけではない。自分を縛り付けて苦しめ続ける欲望から解放されることこそが自由に生きることの本当の意味であるとする思想が現われてきた。例えば、老子や荘子によって代表されるいわゆる老荘道家の「恬淡無私（てんたんむし）」（私欲をなくしてあっさりとした生き方をよしとする）の生き方や、仏教の「出家」、俗世間を欲望にまみれた汚辱と見てそこから身を遠ざけて悟りを求めて修行することを目指す生き方や、現世の富貴を決して否定しない儒教ですら「知足安分（ちそくあんぶん）」[3]、つまり欲望をコントロールして身の丈にあった暮らしを理想とするという生き方をよしとしたのである。

バブルがはじけた直後の一九九二年当時、ベストセラーとなった中野孝次著『清貧の思想』[4]は、日本には伝統的に欲望を抑え清貧を貫いた思想家の系譜があることを論じ、バブル経済に踊って我を忘れた日本人を覚醒させた[5]。

そもそも「道徳」「礼義」「法律」などの社会生活を送る上で守らなければならないさまざまな規範は、元来、人間の限りない欲望に方向を与え、抑制するために、人が自らの経験とそこから得た教訓に基づいて生み出したものにほかならない。言い換えれば、人は社会の中で生きていくために必然的に自己の内なる欲望と戦わなければならなかったのである。これも一種のブレーキと言えようが、冒頭に述べた「もっと、もっと……」のブレーキとしてはほとんど役立たなかった。

（三）老荘思想に見る欲望観

老荘思想は、遠い過去から現代に至るまで、仏教や儒教ほどではないにしてもわが国に大きな思想的影響を与えてきているのであるが、その思想の内容がどちらかといえば現実世界に対しては批判的で、処世観としては消極的であるところに特色がある。このため隠者の思想・隠遁の思想として見られることが多く、積極的に逞しく人生を切り開いていこうとする野心を持つ人々からは高い評価を得ることはできなかった。しかし、そのような立場に立つからであろう、むしろ現実世界を俯瞰的に見ることに長けており、そこには深い洞察から得られたと思える言葉がちりばめられていることに気付く。本節では、欲望観を中心にその主な言説を見ていく。

老子は果てなき欲望を否定し素朴を求める

人の財宝や地位に対する欲こそが、社会の混乱や犯罪を引き起こす原因をなしているのであるから、それらをなくすためには直接人の欲望にはたらきかけることが最善の結果を得られるのだとして、次のようにいう。

賢を尚ばざれば、民をして争わざらしむ。得難きの貨を貴ばざれば、民をして盗を為さざらしむ。欲すべきを見さざれば、民の心をして乱れざらしむ。……常に民をして無知無欲ならしむ。（『老子』第三章）

実際に、人を無知無欲にさせることができるかどうか、犯罪を一掃できるかどうかは別としても、このことばが実に的確に人の本性を見抜いていることは間違いない。

次の一節は人の官能を問題にする。なぜなら人の欲望の入り口は視覚・嗅覚・味覚・触覚・聴覚などといった五官にあり、それが否応もなくわれわれの欲望を限りなく掻き立てるからであり、その挙げ句に過ちを犯してしまうものだと、官能の欲望を最も警戒するべきであるという。

五色は人の目をして盲ならしめ、五音は人の耳をして聾ならしめ、五味は人の口をして爽ならしめ（惑わせ）、馳騁畋猟（狩の遊び）は人の心をして発狂せしめ、得難きの貨は人をして妨げしむ。（同第十二章）

次のことばも、犯罪が人々の心の中の欲望に原因があるという意味では、同様のことを言っているのだが、ではどうすればよいかということにも言及している点で興味深い。

……巧を絶ち利を棄つれば、盗賊有る無し。……素を見わし樸を抱き、私を少なくし欲を寡なくす。

（同第十九章）

つまり、老子は「素樸」がいいと言っている。「素」とは、糸偏が文字の成分をなしているように、カイコから紡ぎ出したばかりの染色していない生成りの糸のことであり、「樸」は木偏がついているように、山から切り出したばかりの荒木のことで、つまりは人為が加わっていない状態、自然の状態を言っている。人が欲望を逞しくするのは、人が生まれつきそうした欲望を持っているからではなく、人との競争によってあるいは社会の中でさまざまな経験をしていく中で、ついには自分でも制御しきれない欲望の虜と化してしまうことを言うのである。そうして欲望の塊と化した人はやがてそれが原因になって破滅に至ることもあるのだと警告する。従ってそれに気付いたならば、直ちに自己の欲望をコントロールせよ、そうすればわが身を長く保つことができるとして、次のように言う。

是の故に甚だ愛しむは必ず大いに費え、多く蔵するは必ず厚く亡う。足るを知れば辱かしめられず、止まるを知れば殆（＝危）うからず、以て長久なるべし。（同第四十四章）

罪は多欲より大なるは莫く、禍は足るを知らざるより大なるは莫く、咎は得んと欲するより大なるは莫し。故に足ることを知るの足るは、常に足れり。（同第四十六章）

「足ることを知れ」とは今でもよく言われることであるが、これを言ったのは老子なのである。

荘子は欲望は人の心を鈍くさせると言う

さて、もう一人の思想家荘子は、利害損得で結ばれた人間関係は緊密そうに見えても結局は詭いもので、真の友情は利害関係を超越していなければならない、そのためには友情に利害という利己的な欲望を持ち込んではならないと言う。人はおのれの欲望から自由にならなければならないということである。

夫れ利を以て合する者は、窮禍患害に迫らるれば、相い棄つるなり。天を以て属なる者は、窮禍患害に迫らるれば、相い収むるなり。夫れ相い収むると相い棄つるとは、亦遠し。（『荘子』山木篇）

そうして、「其の嗜欲深き者は、其の天機も浅し。」（同大宗師篇）と、欲望が深ければ深いほど、その「天機も浅く」なるという。この「天機も浅く」はどのように解釈すればよいだろうか、金谷治氏は「自然本来の心の発動が鈍くなる」としている。道ばたに咲く四季折々の花々に心を寄せるのは人の自然本来の心の発動がそうさせるのだが、それが鈍ってしまうと、電車の窓の外を菜の花が咲き乱れ、満開の桜並木が続いていても、それに気付かないうちに通り過ぎてしまう。心の中に渦巻く欲望が人の心をあらぬ方へと運んで行ってしまうのであろう。可能な限り、欲望から解放されて自由に生きたいものである。

古くから人は「福（家族に恵まれること）・禄（収入が多いこと）・寿（長生きすること）」こそが幸福の条件と考えて生きてきたし、それを得るために努力もし苦労も重ねてきたと言ってもよいのだが、これらさえ時に「徳（人本来の持ち前）」の障害となることがあるから、いたずらに貨財・富貴・寿夭などの世俗の価値観に蔽われることなく、それらから自由にならねばならないとして、次のように言う。

封人曰く、寿（いのちながし）と富（とみ）と男子多きとは、人の欲する所なり。女（なんじ）独り欲せざるは何ぞやと。堯曰く、男子多ければ則ち懼（おそ）れ多く、富めば則ち事多く、寿（いのちなが）ければ則ち辱（はず）かしめ多し。是の三者は、徳を養う所以に非ざるなり。（同）

また、現代のようにあまたの文明の利器の恩恵に浴して、便利で快適な生活をしているわれわれにとって耳の痛い話ではあるが、便利な道具はそれに頼ろうとする心、つまり「機心」（からくり・便利な道具に頼る気持ち）を生み、やがて本来持っていた純白な心を曇らせてしまい、結果として正しい生き方（道）を見失わせてしまうから、それを捨てなければならない、そうしてはじめて精神を安静に保ち、生命を傷つけないで生きることができるとして、次のように言う。

機械（きかい）ある者は必ず機事（きじ）あり。機事ある者は必ず機心（きしん）あり。機心、胸中に存すれば、則ち純白備わらず。純白備わらざれば、則ち神性定まらず。神性定まらざる者は、道の載（の）せざる所なりと。（同）

反文明主義の老荘思想が目指す人本来のあり方

先に紹介した老子と同様に「無知、無欲、素朴」こそが、人としての本来の持ち前（＝徳）を完成させるのだという。これほど反文明的な議論も珍しいと思えるが、これが何と紀元前に唱えられた思想なのである。われわれから見れば紀元前などという時代は気が遠くなるような過去であり、文明と言えるものなどなかったのではないかと思ってしまうのだが、既に人の欲望が生み出す文明の本質が見抜かれていたのである。

同乎として無知なり、其の徳離れず。同乎として無欲なり、是れを素朴という。素朴にして民性得らる。（同馬蹄篇）

南越に邑あり。名づけて建徳の国と為す。其の民は愚にして朴、私少なくして欲寡なし。作るを知りて蔵するを知らず、与えて其の報いを求めず、……其の生くるや楽しむべく、其の死するや葬るべし。（同）

南越とは今のベトナムであるが、そこはユートピアであった。といっても、見方を変えれば未開の地とも言えるが、文明の進んだ中国からみれば、そこに理想の生き方があると思えたのであろう。こうした考えを人々の心の中に呼び起こしてしまうのだから、文明とは実にやっかいなものである。

（四）現代的視点から「欲望」をみる

「共生」の思想

人間の「欲望」の問題が、人間社会の枠の中だけで考察され問題の解決が図られてきた時代は既に終わった。人のあまりに肥大した欲望は、美しく豊かな地球環境はむろんのこと、人の生存そのものさえ脅かすという皮肉な事態を引き起こしてしまったからである。他の動植物さらには地球環境全体との関わりの中で考察されなければならなくなって、ようやく人は自らの欲望の充足のために他者を犠牲にすることは許されないことを学習したのである。そこから「他者はそれ自体目的であって手段ではない」というカントのことばの通り、人は、自らの生存のためという最小限の欲求を超えて快楽を得るために、他の動植物の生存を犠牲にすること、とりわけ種を絶滅に追いやることは許されない、という「共生」の思想が生まれてきたのである。その最も早いものが、今から半世紀以上も前の一九四九年にアメリカのアルド・レオポルド Aldo Leopold 教授による「土地倫理」（"The Land Ethic"）といわれるものの提唱である。われわれ人類はこの大地に倫理的責任を負っていることを自覚しなければならない。このために先ず取り組まねばならないのが、野放図な欲望にブレーキをかけることである。それでも止まることを知らない人の欲望は、化石燃料の大量消費、熱帯雨林の大量伐採となって、ついに地球環境を危機的な状況に追いやってしまった。

「世代間倫理」という考え方

さらにその過程で、欲望のひたすらな追求が、いつかわれわれの子孫の生存をも危うくしてしまうことにも気付き始めた。こうして「世代間倫理」という新たな視点も生まれた。人は同時代の人々に対してばかりでなく、これから生まれてくるであろう子孫の世代に対しても、全く同じ重さの倫理的責任を負わねばならないという考え方である。こうした考え方は「環境倫理学」と共に世界中に受け入れられることとなった。じつはそれまで「倫理」とは人と人の間を律するもの、つまりその前提には人間関係があったのであるが、人と大地（生態系）、今の人と将来の人との間の「倫理的責任」などと言うものが問題になることはこれまでなかったのである。このことで、人類の生存を脅かすものは、人類の欲望に他ならないことが改めて浮き彫りになったと言えよう。ジャレド・ダイアモンド著『文明崩壊』上・下（草思社　二〇〇五）などはまさしくその問題を人類の歴史の問題として論じている。

まとめ

以上考察してきたように、「欲望」というこの最もやっかいなしろものと、人類はこれからも付き合っていかねばならないことは確かなことである。「欲望」は人類にとって最大の敵でもあり味方でもある。つまり二律背反的性格を持つのが欲望であり、誰もが例外なく所有しているのが欲望である。これをどのように全人類的規模で、全地球的規模でコントロールし、幸福を実現していくか、これからの世界の指導者に課された大問題である。人類の未来はひとえにここにかかっているからである。

われわれ一人一人が「心のメカニズム」として生まれつき備わっている「欲望」をどのようにコントロールするか。これはとても重い課題である。先人の知恵を借りつつ、一歩一歩前進するほかない。従ってわれわれは、「テクノロジーとシステム」に頼って生きるばかりでなく、この「心のメカニズム」を正面から見据え、その本質を捉え、それが正しく機能するように鍛えていかなければならない。幸い、東洋思想は、常にこの「欲望」と正面から取り組んできた歴史がある。

次章では、仏教が「欲望」をどのように見てきたかを概観していこう。

第五章　欲望観（その2）──仏教において──

はじめに

仏教はその長い歴史の中で、大きな転機を経験している。それは小乗仏教から大乗仏教への大転換である。研究者によっては、小乗仏教の教義と大乗仏教の教理を比べてみるととても同じ宗教とは思えない、と言うほどである。キリスト教世界でも、宗教改革によってカトリックからプロテスタントが分かれ、両者には教義上の大きな違いがあるのであろうが、小乗と大乗の違いはそれ以上に大きいというわけである。

本章では、そうした教義の変化を視野に入れながら、その欲望観を見ていくことにしたい。

（一）仏教とは

仏教の欲望観を見ていく前に、仏教について基本的な点を整理しておく。

仏教の開祖は釈迦（ゴータマ・シッタルタ）、彼は紀元前五六六─四八六年、インド北部、現在はネパールの釈迦族の王家に生まれた。やがて恵まれた生活をすべてなげうって、妻子を残し、地位を捨て、二九歳で出家した。苦しい修行期間を経て、ついに三五歳で悟りを開き、この時の悟りをもとにインド各地を布教したとされる。釈迦の死後、その教えはインドに止まることなく、中央アジア、東南アジア、東アジアなど、およそユーラシア大陸の東半分にくまなく普及し、そこに広大な仏教文化圏が形成されたのである。その二五〇〇年に及ぶ仏教の歴史は、原始仏教・部派仏教・小乗仏教・大乗仏教などと言われる教義教理を生み出した。仏教はその教義の多様さと奥深さに特色があると言える。わが国に伝来したのは、いったん中国大陸や朝鮮半島で弘まった大乗仏教であることはよく知られている。

さて『法句経』（ダンマパダ Dhammapada）と呼ばれ、釈迦の語録の形式を取った原始仏典の一つで、日本では「小乗の教え」としてさして重視されなかったとされる仏典のなかに、

「諸悪莫作、衆善奉行、自浄 其意、是諸仏教」（悪をなさず、善をなし、おのれの心を清らかにすること、
これが諸々の仏の教えである）

という有名な一説がある。これによれば、「清らかな心と、正しい行い」を求めるのが仏の教えということになる。ここには倫理思想としての仏教の一面が現れている。

また一方で「抜苦与楽」ということも言われる。これは仏や菩薩が人びとの「苦」を取り除き、「楽」を与えることを意味するもので、これこそが仏の教えの本質だというものである。

自分の力で自分の心と行いを正すことも仏教なら、仏や菩薩にすがって苦から解放されて楽を得るのも仏教なのである。前者が所謂小乗の教えであり後者が大乗の教えということもできよう。今ここで仏教の教理を簡単に言い表すことは容易ではないが、釈迦仏教（原始仏教）における人間観は次の通りであった。

(二) その人間観

「はかなきかな人間」

人は「五蘊仮和合(ごうんけわごう)」による一時的な存在であるという。この五蘊とは、色・受・想・行・識の五つを指しており、それぞれの意味は、

「色(しき)」:物質的要素(からだ)。
「受(じゅ)」:感情(こころ)のはたらき。
「想(そう)」:認知(こころ)のはたらき。
「行(ぎょう)」:意志(こころ)のはたらき。
「識(しき)」:知性(こころ)のはたらき。

である。つまり、人の「心と体」は実体として存在しているわけではなく、五つの物質的(身体的)または精神的諸要素が一時的に集まって自分という存在がこの世に与えられているに過ぎない。だから死後は、「心と体」はすべて消滅してしまうのだ。つまりすべては「空」なのだとする考え。これは「五蘊無我(ごうんむが)説」と呼ばれていた。

このように人を捉えると、今ここにこうして生きているわれわれは、前の一瞬にはどこにも存在せず、しかも次の一瞬には消滅してしまうというのだから、何とはかない存在ではないかということになる。

「愚かなるかな人間」

人は、常に自分ではどうすることもできない数々の悩みや苦しみに苛まれて現実を生きることを余儀なくされているのに、そのことに全く気付かず、いずれ何とかなると思っている。何と愚かなことか。人は、己が「無明」なる存在（根本煩悩に苛まれ続けていること）であることに気付かなければならないと言うのである。

つまり人が現世で感じる苦の原因は、実は己自身の中にあることに気付かず、これを他人や世の中のせいにしてしまうのだ。「六根」とは、前の章でも触れた五つの官能（視覚・聴覚・味覚・嗅覚・触覚）に近い意味を持っている。つまり、眼（色）、耳（声）、鼻（香）、舌（味）、身（触）、意（法）などの人が先天的に備えている六種の知覚認識能力で、これらが皆「欲」の窓口となっており、このために「苦」から逃れられないとする。

巡礼の装束を身にまとい「六根清浄」を唱えながら富士登山をするというわが国古来の登山の作法は、こうした仏教の教理の影響を受けたものである。登山はスポーツではなく宗教的色彩の極めて濃厚な一種の修行であった。

それゆえ人は人としてこの世に生きている限りは「一切皆苦」（いっさいがすべて苦である）であることを悟らねばならないという。ここで人が「苦」を感じるのは、「自己の欲するままにならぬこと」「思い通りにならぬこと」に原因があるという。不満、焦り、苛立ち、怒り、絶望などはすべて、自己の欲望が満たされないことによって起こる感情のはたらき、それこそが「苦」の正体なのだ。ところが己の「苦」の原因は己自身の「欲」にこそあるのに、そのことに気付かず、周囲の人や物に当たり散らすのであるから、人とは何と愚かなのだろう、ということになる。

「苦しきかな人間」

人は、皆「惑業（わくごう）」に苦しむ存在であるとも言われる。この場合の「惑」とは、まよいのこと、「業（ごう）」とは、行為のことである。この「業」というのも仏教に特徴的な用語で、サンスクリット語の「Karman（カルマ）」の訳語である。「自業自得（じごうじとく）」「業（ごう）が深い」などという時の「業」はこの仏教的な意味で使われている。

人は生きている限り行為しないわけにはいかない。しかもある行為は、必ずある何らかの結果をもたらし、その結果は次の結果への原因となる。原因のない結果はなく、結果のない原因はない。こうして「因果の鎖」が過去から現在、そして未来へと永遠に続く。つまりわれわれはこの因果の鎖から抜け出すことはできないし、しかも先に見たような愚かな人間にとって、正しい行為を間違いなくするなどということは至難のことであるから、常に思い惑う、惑業である。従って人がその苦しみから解放されるにはその惑業から解放されなければならない。そうでない限り、われわれは苦界（くがい）から這い上がることはできず、生涯苦しみ続けるのである。われわれが生きるとは何と苦しいことであろうか。

「悲しきかな人間」

このように見てくると、人として生きることがとてつもなく悲しいことに見えてくる。過去世のあり方が現世のあり方を決定し、現世のあり方が来世を決定する。誰も彼もこの因果の鎖からは抜け出られない。因果の鎖に繋がれているのは、今生きているこの時だけではない。人は「輪廻転生」（Samsara）を逃れられぬ存在なのである。この因果律に縛られた世界は、さらに六つの世界に分けられる。それが地獄、餓鬼、畜生、修羅、人間、天上の六世界である。これを「六道」と言い、現世ではたまたま人間界に生きることができたわれわれでも、人間界での行い如何によって、来世ではこれら「六道」のうちのどれかの世界に生まれかわることになる。これを「六道輪廻」と言い、永遠に輪廻を繰り返すと考えられた。しかもこの「六道」によって説かれる世界はたとえ「天道」であっても、決して永遠の理想世界ではなく輪廻の一部でしかない。そして、不浄な世界で誰もが四苦八苦している「人間道」、怒りと争いの絶えない世界で修羅場の語もある「修羅道」、善悪もなく理性の働かない世界で、犬や猫、牛や馬を畜生と呼ぶように、人以下の存在として生きる「畜生道」、いつも餓えと渇きに苦しめられる世界で、育ち盛りでいつも腹を空かせている子供をガキというが、この言葉の由来ともなっている「餓鬼道」、そして最悪の世界「地獄道」。ここでは閻魔大王が君臨する苦しみだけの世界が待っているという、これら六つの世界である。

　そしてこの地獄道だけは、後の時代になると詳細を極めるようになる。すなわち生前に殺生をすると落ちる「等活地獄」。生前に盗みをすると落ちる「黒縄地獄」。生前に邪な男女関係を結ぶと落ちる「衆合地獄」。生前に飲酒すると落ちる「叫喚地獄」。生前に嘘をつくと落ちる「大叫喚地獄」。生前に正しくない思想を信じると落ちる「焦熱地獄」。生前に戒律を守る尼僧を犯すと落ちる「大焦熱地獄」。生前に五逆罪（父母聖者を殺す、仏を傷害する、教団の平和を乱す）を犯し、大乗の教えを誹謗すると落ちる「阿鼻地獄」の「八大熱地獄」と言われるものである。人ならば誰でも生きているうちに犯してしまいそうな行為が並んでいる。結局人はだれでも地獄に落ちる宿命にあるのであろうか。だとすれば、これほど悲しいことはない。

ではどうしたらよいのか。つまり、この輪廻から抜け出すことであろう。ではどうすれば抜け出すことができるか。釈迦は言う、根本煩悩である「無明（むみょう）」を滅しない限り、生死輪廻（しょうじりんね）（六道）から逃れることはできない、と。この「無明」を滅することができ、輪廻から抜け出すことができた時、これを「解脱（げだつ）」したという。

煩悩から逃れられず苦しみ続ける衆生にはこのような「解脱」などおよそ不可能なことである。後述するように、そこから大乗仏教が生まれた。つまり、仏教は、その教理の中で、人は自らの欲望とどう対決しなければならないかという切実な問題が常にその中心にあった。しかし人はおのれ自身を否定し続けることはできない、そこで肯定の論理がどうしても必要であった。

（三）その欲望観

これまで述べてきたことによってもおおよそ明らかになったことだと思うが、ここで改めて仏教の欲望観を整理しておきたい。

「欲望」の底には執着心があり、それが欲望をかき立てる。ではその執着心はどこから生まれるかといえば、自己自身、つまり自我である。人として生まれた以上自我を持たないことはあり得ないから、人は誰でも執着心を持たないではいられない。まさにそれこそが欲望の根源である。とすると、ここに「自我→執着→欲望→苦」の因果関係が成り立つから、「欲望」とは「生」と一体不離、言い換えれば「生」そのものである。そう考えると、欲望それ自体は、善でも悪でもなく、善にも悪にもなり得るものだ。こうした意味での欲望は倫理的にはニュートラル（中立）であるはずだが、実際はカーマkamaと呼ばれる欲望の方は、すなわち「苦」の原因としての渇愛とか貪欲とかと漢訳されて、「渇愛の一法、すべてを隷属せしむ」「渇愛を離れて、すべての縛を断ず」などと言われるように、必ず克服しなければならない対象となるのである。

序章でも述べたことだが「四苦八苦」という四字熟語があって、これは人がどうしても逃れられない苦しみのことを意味し、前半の「四苦」は「生」と「老」と「病」と「死」の四つの苦しみのことであった。生きていることそれ自体が「苦」であるし、若さを失って次第に老いさらばえていくことは誰にも避けられないことながらやはり「苦」であることにはちがいないし、「病」「死」はいうまでもないであろう。後半の「八苦」はこの四種の「苦」に、「愛別離苦」つまりたとえどんなに愛していようといつか別れの時を迎えなければならない苦しみ、「怨憎会苦」その反対に憎い相手との出会いを避けることができない苦しみ、「求不得苦」つまり求めても求めても得られない時に味わう苦しみ、「五蘊盛苦」つまり自分の存在そのものがいかにも愚かしく、そしてはかない存在として痛感させられる苦しみの四苦を加えたものである。そこでそうした苦界から自由になろうとすることが「離欲」であり、そのままそれが「滅苦」とも言われる。つまり、仏教における「自由」とは、欲を絶つ（＝苦を滅する）ところに得られる境地のことで、これを「沙門は欲望を遍知して常に自由人なり」（渇愛、煩悩を滅することによって、平安にして自由なる人となる）と言うのである。

（四）「戒律」

悟りを求める者が、同時に守らねばならない掟がある。それは次に挙げる五つの「戒」である。

1、不殺生戒：生き物をむやみに殺さないこと
2、不偸盗戒：他人の所有物を盗んだり奪ったりしないこと
3、不邪淫戒：淫らな行為に耽らないこと
4、不妄語戒：嘘偽りを言って他人をだまさないこと
5、不飲酒戒：飲酒しないこと

どれも、「自我」が関連し「欲望」が絡んでいる。だからここでも「自我」との戦いが求められていると言ってよい。しかし人は皆「自我」にがんじがらめにされているのであるから、この戦いは困難を極めずにはいられない。

（五）小乗から大乗へ

紀元前後、自己の解脱のみを求める旧来の部派仏教を小乗（小さく劣った乗物、hina-yana）として、一切衆生の救済を理想とする大衆に根ざした運動が起こった際に、出家者たちは自らを菩薩と称し、自ら奉じ

る教えを大きなすぐれた乗物（マハーヤーナ・Maha-yana）と称した。これが「大乗仏教」の起源であるとされる。

日本に伝来したのは言うまでもなく、この一切衆生の救済を理想とした大乗仏教であるから、これまで述べてきたような仏教の教理とは違った方向を目指すところもあった。中でも、密教の教義は、これまで仏教徒を悩ませてきた「欲望」の解釈を軸に、その教義はコペルニクス的転回と言ってもよいほどの大展開を見せた。

（六）密教

そもそも、インドに発祥した密教は、「仏教の原点をはるかに逸脱した仏教の異端児[1]」と言われ、「一般の大乗仏教にあっては、真実なるもの、絶対なるものを、人間の理性や論理を超えた存在として、否定的に処理する方法を取ることが多い。それに対して、密教は絶対なるものを人格的に、あるいは生命的に把握し、それを具体的な形を取るものとして表現しようとする[2]」とも言われる。一言で言えば「人」を通して真理を獲得しようとするのである。すなわち「密教において、真理は抽象的存在ではなく、常に具体的な事物の中に存在し、それは特定の仏格を持つと考える。例えば、怒り、愛、豊かさ、実行等々といった抽象的理念も、特定の仏、菩薩、明王などの悟りの内容であり、それぞれの理念がさまざまな仏たちの具体的な姿を持って表現されていると見る[3]」という。これまで仏教が悟りを得るためには障害であるとして退けられていたものがここでは肯定されている。人間否定から一転して人間肯定である。民衆の素朴な生命エネルギーは、人生を「苦」とばかり見ることに耐えられなかったのだ。「欲望」に対して実に素直な考えを持つこととなった。釈迦が悟りを求めて修行し、ようやくたどり着いた境地すらも一蹴して、無明なる人間がそのまま肯定されてしまったかのように見える。「インドの後期密教の仏たちが抱く妃は、快楽を目的としたセックスの対象ではなく、宇宙エネルギーとの一体化を意味している[4]」とあるように、密教は性欲すらも「宇宙エネルギーとの一体化」のために、として肯定する。

こうしたルーツを持つ密教が、日本に正式に伝えられたのは弘法大師空海（七七四〜八三五）による。彼は、留学僧（るがくそう）として唐に渡り、間もなくして都・長安で恵果阿闍梨（けいかあじゃり）から真言密教の正統的後継者としてすべてを託され、正規の留学期間を大幅に短縮して僅か二年余で帰国した。これが今に伝わる真言宗である。このわが国仏教界で一大勢力を誇っている真言宗の核心にある密教の教理とはどのようなものであろうか。『理趣経』から探ってみたい。

（七）密教経典『理趣経』に見る欲望観の大転換

『理趣経』は、唐・不空訳[5]で、ほぼ七六三〜七七一年の間に漢訳されたとされている。この経典は、驚くべきことに欲望を本来清らかなものであるとして肯定する[6]。真言密教の極意を示すとして古来門外不出の経典とされてきたが、その理由の一つに誤解を招きやすい内容であったからとも言われる。最澄が空海からこの経典を借用しようとしたが断られたとされるエピソードもあるほどである。

少々長くなるが、以下にその内容を紹介しよう。

（1）「欲望は浄らかなり」として、次のように一七項目が掲げられる。

……如来は十七の清浄なるぼさつの位（＝境地）を挙げてつぎのように説きたもうた。

1　〈男女交合の〉妙適なる恍惚境も、清浄なるぼさつの境地である。

2　〈欲望が〉箭の飛ぶように速く激しく働くのも、清浄なるぼさつの境地である。

3　〈男女の〉触れあいも清浄なるぼさつの境地である。

4　〈異性を〉愛し、かたくいだき縛ごうとするのも、清浄なるぼさつの境地である。

5　〈男女相抱いて満足し、世の〉一切に自由であり、すべての主であるような心地となることも、また清浄なるぼさつの境地である。

6　〈欲心をもって異性を〉見ることもまた清浄なるぼさつの境地である。

7　〈男女交合して〉適悦なる快感を味わうことも、また清浄なるぼさつの境地である。

8　〈男女の〉愛もまた清浄なるぼさつの境地である。

9　〈これらのすべてを身に受けて生ずる〉自慢の心もまた清浄なるぼさつの境地である。

10　ものを荘厳ることもまた清浄なるぼさつの境地である。

11　〈すべて思うにまかせ〉意滋沢ばしきこともまた、清浄なるぼさつの境地である。

12　〈みちたりて〉光明にかがやくことも、また清浄なるぼさつの境地である。

13　身〈体の快〉楽もまた清浄なるぼさつの境地である。

14　この世の色（もの）もまた清浄なるぼさつの境地である。
15　この世の声（ものおと）もまた清浄なるぼさつの境地である。
16　この世の香（かおり）もまた清浄なるぼさつの境地である。
17　この世のものの味もまた清浄なるぼさつの境地である。
なにがゆえに、これらの欲望のすべてが清浄なるぼさつの境地となるのであろうか。これらの欲望をはじめ、世の一切の法は、その本性は清浄なものだからである。（傍点は引用者による。以下同じ）ゆえにもし、真実を見る智慧の眼［＝般若］をひらいて、これらすべてをあるがままに眺めるならば、そなたは真実なる智慧の境地に到達し、すべてみな清浄ならざるはない境地になるであろう。

このように、欲望が菩薩の境地として語られるのである。仏教ではあれほど欲望を克服することに腐心していたのに、それを『理趣経』は「それでいい、そのままでいいのだ」と語りかけてくる。その理由は、傍点を施したところにあるように、欲望というのは人の拭い去ることのできない本性であるから、人の存在を肯定するからには、その欲望も当然肯定されなければならない。しかもそれが俗世間の汚濁にまみれて生じたものでない生まれついての性（さが）であるから汚れているはずがない、つまり清浄そのものだということである。

では「悪」とは何であろう。『法句経』が「諸悪莫作」と言っているように、そもそも仏教は悪しき行ないを禁じている。だが『理趣経』は「悪にその性（さが）なし」として、次のように言う。

欲望は〈その本質よりすれば〉善・悪の分別も〈それにとらわれた〉表現も超えたものであ〈り、人によっていかなる善にも活かしうるものであ〉る。欲望がかかるものである以上、瞋（いかり）もまた同様で、善・悪の分別も表現も超えたものである。〈したがってもし自我にとらわれることなく、それを活かせば、邪悪にうちかつ大きな瞋がうみだされる。〉

すでにこのように、瞋が〈その本質よりすれば〉善・悪の分別も表現も超えたものであるとすれば、癡（おろかしさ）もまたそのとおりで、善・悪の分別も表現も超えたものである。〈ゆえにもし、小さな自我にとらわれず、それを善に活かすときは、『これが癡なり、あれが賢きなり』などとあげつらう小さな癡さを調伏た大きな癡さの境地に至るであろう。〉

このように貪りの欲望、瞋りの心、癡さの三つで代表される悪しき心の働き（＝三毒）は、〈すべて相対的な区別にたった認識にすぎず、〉一切の法は〈善・悪という〉区別や表現を超えたものである。

このように一切の法が〈その本質は、現象の上に見られる相対的な〉区別や表現を超えたものである以上、この本質を知るための真実なる智慧の理趣もまたかかる区別や表現を超えたものでなくてはならない。

まず、欲望が善悪を超えていること、瞋（いかり）・貪（むさぼり）・癡（おろかしさ）など人が生まれつき具えている性質であるから、無条件にそれを悪であると言ってしまうことはできない。それが悪かどうかは、そうした感情がどのような時にどのような対象に向けてはたらくかによって決まるという。釈迦以来否定され、克服しなければならないとされてきたものが、ここでは肯定されている。次いで「ものすべて浄らかなり」といって、肯定の論理をさらに推し進めていく。

〈悪もその本性においては分別を超えたものなることを示したもうた〉世尊〈大びるしゃな如来〉は、さらにすすんで〈善・悪ともにその本性においては平等にして清浄なることを示したもうために〉、「一切(すべて)の法(もの)はその本性において平等(ひとしく)きよらかなり」という真理を自由に観る智慧を出生(うみだ)したまい、それを印(あらわ)す真実なる智慧の理趣(みち)を説きたもうた。〈そしてみずから、この境地をあらわすほとけ、観自在王ぼさつの姿となられた。〉

〈それは四種不染のおしえといい、次のごとし。〉

この世間における一切(すべて)の欲望は清浄(きよらか)なものである。〈何となれば、すべてのものはその本性は清浄であって、善・悪や欲望などという区別は現象の上にあらわれたものにすぎず、けっしてその本質にまで遡(さかのぼ)って染汚(けがす)ことのできるものではないからである。〉欲望がこのように、〈その本質は善・悪の上にたち〉清浄なものであるとすれば、この欲望〈の不満足〉によって生ずる瞋(いかり)の心も、〈また従ってこういう心の働きに縛られる癡(おろか)さの心もその根拠はなく〉すべて清浄である。……

それならいったいこの世に不浄なものはあるのか、そもそもこの世の不浄こそは、人の飽くことのない欲望が産みだしてきたのではないか、という反論が聞こえてきそうである。これが同じ仏教の教理なのかと思われるほどに大胆な説である。

続いて、「大いなる忿り」こそが真の怒りであり、その怒りこそは許しがたい悪を前にした時に抱く正しい怒りであるとして、次のように言う。

> ついで世尊〈なる大びるしゃな如来は、すべての障碍を克服しうる悪に対するつよい忿怒（いかり）を内に潜めた智慧の境地に立たれ、その境地を象徴するために、拳をつよくにぎり、その境地をそのまま名とする如来（ほとけ）、すなわち〉能調持智拳如来（のうちょうじちけんにょらい）〈――これは摧一切魔（じゃくいっさいま）ぼさつ、すなわち一切の悪を摧（くじ）くぼさつの別名であるが――そのものとなられ〉、「世の一切の悪を調伏（うちまか）す智慧の蔵〈＝根元〉」という真実なる智慧の理趣（みち）を説きたもうた。すなわち、「〈それは四種の忿怒（いかり）の智慧といわれる法門（おしえ）である。まず、〉すべての有情（もの）はみな〈その本質において〉平等〈であり、自・他の差別は現象の上だけのもの〉なのであるから、すべて自・他の差別によっておこる忿怒も、その平等性の発露そのものであり、対立的な忿怒ではない。〈これが忿怒（いかり）の平等である〉。……

ここは少々わかりにくいが、要するに真実の怒りとは、その自他の差別を超えたところにこそあるのだというのであろう。そうして、「小我」を離れ、自他を含み込んだ大きな大我の立場からその欲望を実現することが求められるという。これが〈深秘の法門〉と言われる最後の一節に当たる。

かくて世尊……は、……ここに復た、最も勝れた、無始無終の法門を読きたもうた。それは、……不変なる真理を知る真実の智慧の理趣である。その内容はこうである。

「ぼさつは〔小我をはなれ〕、みずからの欲望そのものを〔普遍的な〕大いなる欲望となしうるがゆえに、〔いついかなるところでも〕大いなる安楽をうる最勝の境地に到達しうる。(7)

かくして菩薩は悟りを完成することで全き自由を得ることとなり、その結果この世の悪を挫き、生死の巷で悩み苦しむ人々を救済し、利益を与え、安楽にするという。煩悩、言い換えれば自己中心的な欲望に苛まれながら生きている衆生は、その煩悩を取り除くための特別の修行をせずとも、菩薩の慈悲によってそのままで救われていく。このように密教の教理は、欲望論だけに限定してみると、実に驚くべき内容であることがわかる。そこで、次に空海の立てた真言宗＝密教がどのように理解されているか見ておこう。

（八）空海の真言密教

空海の真言密教について、独自の見解を立てている梅原猛（九二五〜）氏は、密教には「死の凝視から生の発見」という大転換があったという。

釈迦仏教は、どちらかといえば、死の仏教であった。釈迦は、死の中に人間の最も大きな苦悩を見た。

そしてその苦悩の原因を釈迦は、欲望の中にみた。欲望が、苦悩の原因であった。生に執する心がなかったら、死も亦楽しからずやである。釈迦はこのように、欲望の否定を通して、悟りに入る道を教えた。それが涅槃である。[8]

と解説する。釈迦の欲望に対する態度は確かに梅原氏が言う通りであった。大乗仏教、なかでも密教が発展したのには、当然のことながら生に対する大いなる肯定、ひいては欲望に対する肯定、怒りへの肯定、笑いの肯定、総じて言えばあるがままの人間の肯定があったという。

人生をむなしいと思って快楽にふける、それは快楽に対する冒瀆ではないか。そして同時に人生に対する冒瀆ではないか。むしろ快楽を、真正面から肯定したらどうか。(同、六一頁)
密教は、このような生命の肯定、欲望の肯定、感覚の肯定、怒りの肯定、笑いの肯定の仏教なのである。長い間、死を見つめ続けた仏教の眼が、死の眼を離れて、生に対する大いなる肯定の言葉を発したのである。(同、六九頁)

特にその中で「怒り」が取り出される。それが不動明王信仰である。つまり不動明王こそは怒りのシンボルであり、怒った菩薩の姿なのである。柔和な顔つきの菩薩もいるが、怒りの炎に包まれているもの凄い形相をした菩薩もいてよいとするのである。この不動明王信仰は、現在では日本中くまなく浸透している。不動明王を祀る関東の主な寺院だけでも、千葉・成田山新勝寺の「木造不動明王二童子像」は鎌倉時代作で重要文化財の指定を受けている。東京・瀧泉寺の「目黒不動」はここの不動明王像の目が黒かったことに因むとされ、「目黒」という地名はそもそもここに由来すると言われる。東京・金剛寺の「高幡不動」にも、「木造不動明王二童子像」があり、これは平安時代作でやはり重要文化財の指定を受けている。また、神奈川・大山寺の「鉄造不動明王二童子像」は鎌倉時代作でやはり重要文化財である。このように有名な不動明王像もあるが、その一方無名ながら地元に親しまれている「お不動様」は数え切れない。「怒り」が肯定されていることがよくわかるであろう。静かに半眼で前を向き威厳に満ちた釈迦牟尼仏、同じく半眼でも慈悲のまなざしに満ちた観世音菩薩などとは全く違った表情を持つ仏像である。それにしても、怒りの形相でいながら親しまれるお不動様とは何であろう。

ところでこの密教によって欲望ばかりか肉体も復権したとして、梅原氏は次のように言う。

密教はまさにこういう仏教思想史の中において、いとも大胆なることばを発したのである。生命に向かって、肉体に向かってそれは大いなる肯定のことばを叫んだのである。そこで多くのものが復権された。まず肉体である。即身成仏、それが密教の教えの中心である。(9)

たしかにわれわれは「即身成仏」ということばをしばしば耳にすることがある。また「煩悩即菩提」という言葉もある。これもまた誤解を生みやすい言葉とされながらも、わが国の仏教信仰の中では決して特殊な考え方とはされていない。特殊と言えば、むしろ釈迦仏教の方がなじみが薄いかも知れない。肉体の復権は、「怒り」とともに、もうひとつの感情、しかも実に人間的な感情としての「笑い」が肯定されてきたと言う。

笑い。特に大いなる笑い。それもまた仏教において禁じられた情念であった。静かなる慈悲の笑い、それは、仏教本来の笑いである。しかし密教は別の笑いを主張する。大笑いである。生命よ、生命よ、楽しきかな生命という笑いである。……大いなる楽しみのあるところ、そこにまた大いなる笑いがあるのであろう。十一面観音の背後に大笑いの面がある。仏教において大笑面を作るのは密教のみである。[10]

それこそ腹の底からの笑いであろう。腹の底から笑いそして怒るためには、途方もないエネルギーが必要である。そうしたエネルギーを内に秘めているのが人間なのだと言う。たしかに、人は生きているからこそ怒りもし笑いもする。怒らなくなった時、笑わなくなった時、人は人でなくなるのかも知れない。それは泣くのもそうだ。喜怒哀楽、それこそは人が人として生きていることの証しである。そして愛憎もまた然り。それらは人の心のメカニズムとして生得的に埋め込まれている。問題は、そうした感情の扱い方である。あくまでも自己中心か、それとも自他の境界を超えて発揮するかである。密教が求めているのは、もちろん後者である。

さらに梅原氏は、ヨーロッパの哲学を一言で「闘争の哲学」とした上で、密教の哲学が和合・調和の哲学を説くところに特色があるとして、

男性的原理と女性的原理の和合、精神と物質の和合、知恵と慈悲の和合。そしてその和合の中に、多くの生命が生み出される。『理趣経』で肯定されているのは、単なる性欲に過ぎないものではないで、あろう。この点において、やはり密教は、釈迦仏教の伝統をひくものである。釈迦の人生を支配する和の思想、和の思想はここでは世界観となり、世界像となる。和の原理に基づく世界の解釈、それが曼陀羅であり、[11]……

と言って、ここにこそ西洋にはない東洋の思想的特色が反映されていると言う。密教も東洋の思想から逸脱したものではなかったということである。

まとめ

人にとって最も扱いにくいのが欲望と言っても過言ではない。なぜなら、これなくして人は生きられないし、これあるが故に人は苦しまねばならないからである。それゆえにこそこれまでも人々は叡智を集めて欲望と格闘してきたのである。これからも、その闘いは終わることはない。東洋に、とりわけ仏教において、「心と体」のメカニズムとして、まさしく人間の本質を形成する欲望について正面から向き合ってそ

の教理を作り上げてきた伝統があることを知る。

第六章　死生観――宗教と思想の狭間で――

はじめに

「死」が見えない現代

人にとって、いやあらゆる生物にとって、「死」は不可避の、必然の現象である。生まれたからにはいつかは死なねばならない。洋の東西は言うまでもなく、古今を通じた普遍の真理である。

「死」について考えることは決して不吉なことではないはずであるが、われわれは日常生活において全くといってよいほど視界から遠ざけてしまっていて、これを身近に感じたり、自分自身のことに関係づけて考えを巡らす機会はほとんどない。

二〇一一年三月一一日、わが国では東日本を中心に大震災が襲った。この時に発生した津波は大勢の命をのみ込んでいった。海外メディアはその様子をありのままに報道して津波の恐ろしさを視覚に訴えたと言われる。反面日本のメディアは、津波にのみ込まれていく人も、またその遺体も映像として映し出すことはしなかった。われわれがテレビなどを通して目にしたのは、津波にのみ込まれていく建物であり、車であり、漁船であって、決して人ではなかった。死者は後で数字として、あるいは生者の嗚咽とともに語られる言葉の中にのみ現れるに過ぎなかった。たしかに不慮の死は不幸なことであり、死者は決して見せ物ではない。メディアがそれを報道しなかったのは当然の配慮である。実際、現場をありのままに報道はしなかったものの、現場にいて取材を続けたある新聞記者は、あまりもの惨状が脳裏に焼き付いて離れないと、後になって自分の思いを記事しているほどであるから、メディアがありのままを報道していたら、人々は食事も喉を通らないほどの衝撃を受けたことであろう。

一方、大津波で一瞬のうちに失われた数多くの命とは別なところで、やはり数多くの命が失われていることも忘れてはならない。それは、一九九八年から二〇一〇年までの一三年の間に、毎年三万人をはるかに超える数の人々が、自ら命を絶っているという事実である。このことを指して、作家五木寛之は日本では今「心の内戦」が起きていると言う(1)。

「死」を考えることは「生」を考えること

本章で取り上げる問題は、そうした我々の前に厳然としてある「死」を伝統的東洋思想がどのように捉えてきたかを考えることにある。そうしてそれを通して、今を生きるわれわれが「死」をどのように考えるべきか、また翻って自らの「命」をどのように生かすべきか、その道しるべを手に入れることにある。

言うまでもなく、「死」の問題は、それのみを切り離して考えても意味がない。「死」は「生」の否定形として、いわば生者の側から言えば、彼(=死者)の絶対的不在であり、死者の側から言えば二度と帰ってくることのない「生」(=この世)からの絶対的離別である。しかも絶対的不在であれ絶対的離別であれ、それは今を生きているわれわれの未来に必ずやってくる事態である。それゆえ、われわれは今の「生」との関係の中でやがて確実に来る「死」のことを考えていかなければならない。

（一）死んだらどうなるか

人は死んでしまえばただのゴミか

われわれは生まれる前のことよりも死んでから後のことの方が気がかりなものである。極楽も天国も、地獄も皆死んでから行くとされているところで、生まれる前に居たところではない。

「人は死んだらゴミになる」と言った人がいた。[2] ゴミならば焼却するか埋め立てるかしてわれわれの目につかないところに処分されていく。

たとえゴミでなく、死者として手厚く埋葬されたとしても、茶毘（だび）に付された遺体は（＝焼却されたものは）灰となり、土葬された遺体は（＝埋められたものは）やがて時間とともに土中のバクテリアにより分解されて土に帰っていく。いずれにしてもその過程で自分という存在は全く消滅してしまう。

死後の魂はあるのか

たしかに肉体はそうだとしても、では魂はどうなんだ、という疑問が出てこよう。この肉体は生まれる前には無であり、死んだ後にも無であり、それは結局生きている間だけの存在である。しかし、たとえ肉体は死んでも魂は不滅ではないのか、と言う反論も聞こえてきそうである。またもし仮に魂が不滅だと仮定するならば、それは生まれると不滅になるのか、それとも魂が生まれるなどということはあり得ないから、生まれる前から魂だけは存在していたのか。だとすると、魂は生まれることもなく滅することもない、つまり不生不滅ということになる。この地球上に生きる人類は今や七十億人を数えるほどになったという（二〇一四年WHO統計による。因みに国別では日本は第十位）。地球上に生きる人類の総数には増減があるにせよ、人の魂が「不生不滅」であるのならば、これから先、人類の数が何十何百億になろうとも、魂の数には増減がないことになる。

人と自然を一体とみるのが東洋思想

これまで東洋思想は、人と自然を一体のものとして考えること、そして「心と体」を一元的に扱うところに特色があることを述べてきた。もしその通りだとすると、心こそは魂の宿るところであろうから、体が無くなれば心も無くなり、そして当然のこととして魂も無くなる、つまり心身共に滅して「無」に帰すると考えなければならない。

一方で、人と自然は相即一体である。人の心も体も、そしてそれをひとつに包み込む命も当然のことながら自然とつながっている。そして自然は太古の昔から永遠の時を刻み続けている。自然は永遠の存在である。人はまさにその自然と一体なのである。それならば、人は誰も皆永遠の自然と分かち難くつながっているはずだから、結局自分も含めて人は皆自然と共に永遠である、これこそまさしく「不生不滅」だと考えることもできる。もし本当にそうだとすれば、われわれはおのれの死を恐れることも、親しい者の死を悲しむ必要はないことになる。それなのになぜわれわれは死を悲しんだり恐れたりするのであろう。

(二) 人生は旅 ――歳月の流れの中で、人は生まれ死んでいく――

人生という旅で人は何を得るのか

「月日は百代の過客にして行き交う年も又また旅人なり。舟の上に生涯をうかべ、馬の口とらえて老をむかふる者は、日々旅にして旅を栖とす。古人も多く旅に死せるあり」とは、よく知られた芭蕉『奥の細道』序文である。

実はこれには典拠がある。それが李白の次の言葉である。

夫れ天地は、萬物の逆旅にして、光陰は百代の過客なり。而して浮生は夢の若し、歡を為すこと幾何ぞ。古人燭を秉り夜遊ぶ、良に以有るなり。況んや陽春の我を召すに煙景を以てし、大塊の我を假すに文章を以てするをや。……（「春夜宴桃李園序」）

芭蕉も李白も、人生とは旅のようなはかないものだと言う。だから人は天地宇宙の間を漂白して止まないのだと。時は人を待ってはくれない、早く早くとせき立てるように人を旅へと死ぬまで誘い続ける。人はその旅先でどれほどの経験を積み重ねることができるだろう。……

彼らは言う、富も名誉も、大河のように滔々と流れる時の前には全く無価値に見える、と。では本当に価値のあるものとは何か？　彼らにとってそれは詩であり、俳諧であった、すなわち文学的創作活動そのものであった。生きている間は、つまり旅の間は、せいぜいその喜びを精一杯味わおうではないか。遅かれ早かれ旅の終わりはいつかやってくる。「旅に病んで夢は枯れ野を駆け巡る」とは芭蕉の辞世の句であることはよく知られている。

人生の充実

これは、生きている間は生きていることだけを考えていればよいという考え方につながる。そこからは、「死」をじっと見つめる、凝視する、言い換えれば、人は死んだ後はどうなるのだろうという発想は浮かびにくい。

だが、われわれの歴史を顧みても、平和が続いた平安時代の後に、源平の合戦に始まる数世紀は殺し合いも頻発したし、また地震や津波などといった自然災害に襲われて一瞬のうちにこの世から引き離されてしまった者もいたし、冷害や日照りなどの天候不順をきっかけとする飢饉のために地獄の苦しみを味わいながら浄土を夢見て死んでいった者もいたであろう。そして伝染病の蔓延により思いがけない死を余儀なくされた者もいた。日常生活の中で与えられた寿命を生き切って静かに迎える死とは別に、このように思いがけない出来事により無理矢理死の世界に追いやられていくことも珍しいことではなかったに違いない。

死を凝視してきた宗教者たち

このような時、死の問題を最も深く考察してきたのは主に宗教者たちであった。東洋では特に仏教者がそうであった。儒学者たちは、孔子以来死の問題を「われ未だ生を知らず、いずくんぞ死を知らんや」（『論語』先進篇）と言って、むしろ「死」について語ることを避けてきた。またわが国の伝統宗教とされる神道においては、「死」は穢（けが）れとして忌避されていた。現在でも、通夜や告別式など死者の側に身を置いた時は、「お清め」といって宅内に入る際に塩を体に振りかけて清めの儀式をする[3]。

東洋の死生観のすべてをここに紹介することは全く不可能だといってもよい。あまりにも多種多様だからである。そこで以下に管見に入ったいくつかの文献からかいつまんで見ていくことにする。

（三）加藤咄（とつ）堂著『死生観　史的諸相と武士道の立場』[4]から

加藤咄堂（とつどう）（一八七〇―一九四九）は、明治から昭和にかけて活躍した仏教学者で、「死生観」という言葉を初めて使ったと言われる。わが国の歴史上の人物を何人か取り上げて、彼らの死生観がどのようであったかについて紹介している。

大塩平八郎[5]の場合――永遠の仁に生きる――

咄堂は、大塩平八郎の死生観を取り上げてまず次のように述べる。

天保五年以来諸国実（みの）らず，米価日を追うて騰貴し、同七年に至りてますます甚だしく、生民塗炭に苦しみ、餓莩（がひょう）（餓死者）将に路に満たんとす。しかも幕吏これを顧みず、官、稟米（りんまい）（備蓄米）満つるもこれを出さず、府庫、財を積むもこれを救わず。平八、憤然として奉行跡部山城守（良弼　一七九九—一八六九）に愬え、大いに賑恤の挙あらんことを請う。奉行、冷然たり。平八、更にこれを富豪に計る。富豪もまたこれに応ぜず。悲風暗澹、満市生気なし。平八、憐愍禁ずる能わず、遽かに所蔵の書を売りてこれを救いしといえども、これ九牛の一毛のみ。なんぞこの大患を救うに足らん。しかも奉行はこの挙を以て、私名を売らんがためとなし、これを譴責す。暴虐かくの如し。

日本史の教科書で必ず触れられる江戸時代の大阪で起きた事件である。大塩平八郎は、今で言えば、大阪府警の幹部警察官であった。そしてそうした大阪の治安を預かる役人として人々の暮らし向きに心を寄せていたのである。時あたかもうち続く凶作で人々は飢えに苦しみ餓死者すら出る惨状であった。ところが、彼の上役はそうした人々の苦境に何らの同情もなく、また従って何ら救済策を講じることもなく、一握りの富豪らとともに知らぬ顔をしていた。大塩は、私財をなげうって救済を試みたが効果はなく、かえって売名行為だとして批判される有様であった、という。そうして、

平八豈に黙々として止むものならんや。義挙は企てられたり（傍点は引用者による。以下同じ）。同志四十有余名。従う者八百余人。先ず町奉行を討ちてその府庫を開き、次いで裕福の商家に放火し、以て窮民を賑わんとせり。天保八年二月十九日、黎明を以て事を挙ぐ。狂風火焔を巻いて硝煙満城を鎖し、鴻池、三井らの富豪悉く焼く。火、二十日の薄暮に至りて始めて燼す。幕吏追究甚だ力む。平八、

　民家に潜伏し、終にその襲う所となるや、子、格之助と共に火を放ち、莞爾として焚死す。

大塩は、終にここで決断する。彼は日頃学問を通して培った信念を行動に移そうと役所の米倉を武力でこじ開けるとともに、冷淡にも貧窮に苦しむ人々を前にそ知らぬ顔をしていた富豪たちの屋敷を焼き討ちした。しかしその企てはあっけなく失敗に終わり、共に決起した息子と自死して果てたのであると、ことの経緯をかいつまんで解説した後で、

　吾人は今、大塩のこの挙に就いて是非の評論を下さざるべし。しかもその一死を賭して民の痛苦を救わんとしたる、至誠は以て多とするに足らざらんや。彼の識にして豈に終に身の逃るべきなきを知らざらんや、知りて而してなおこれを敢えてす。

　死を賭してすら人々の窮状を救おうとしたのはなぜであるか、死の報いが待つことは当然知っていたであろうに、なぜ敢えてそのような挙に出たのであろうか、と読者に向けて疑問を投げかける。その理由を、大塩の著作の中に求める。すなわち、

　彼の死生観は一瞥の価値あるものにあらずや。彼その洗心洞箚記の中に曰く、

　生を求めて仁を害するなし。それ生は滅あり、仁は太虚の徳にして万古滅せざるものなり。万古

不滅のものを捨てて、而して滅あるものを守るは惑なり。故に志士仁人、彼を舎(す)ててこれを取る、誠に理ある哉

と、彼は仁を以て太虚の徳として不生不滅の本体とし、生を求めて仁を害するの非をいいぬ。これ、彼が蒼生(そうせい)（民衆）の為に一死を惜しまざりし所以(ゆえん)にあらずや。……生死を以て一とし、その心太虚に同じ、天地に通ずべし、曰く、

……故に身の死するを恨みずして心の死するを恨む。心死ぜざれば即ち天地と無窮を争う。

と、……。

と述べて、大塩が義挙を起こすに至った理由を、永遠の輝きを失わない「不生不滅」の価値ある「仁」を求めたからだとする。もともと「生」は「滅」すべきもの有限のもの、一方の「仁」は永遠不滅の価値を持ち続ける。わが有限の「生」よりもこの永遠の「仁」をこそ優先させるべきことは明らかであるから、わが身を犠牲にしてもこの「仁」を実践することにしたのだという。さらに、もしこの道理がわからず生きながらえていたのなら、体は生きていようとも心は死んだも等しく、その反対にこの道理を行えばたとえ体は死んでも心は天地と永遠に生き続けることができる、と大塩の行動を彼の死生観と関連づけて解説していることがわかる。さらに咄堂は、

……これこの境いかにしてか至るべき。

英傑大事に当たりて、固(もと)より禍福生死を忘る。……

といいて、禍福生死に惑わざるは、一に学問精熟の功にありとなす。……想うに彼の死生観は、学説としては未だ重きをなすに足らずといえども、これを実際に応用して知行合一(ちこうごういつ)なりしは、他の徒(いたず)らにその深きの理を説いて自ら行う能わざるものに比してその差幾許(いくばく)ぞ。(6)

と、大塩がこうした死生観を持つに至ったのは「知行合一」の思想があったからだという。この「知行合一」は儒教がとりわけ重視するもので、陽明学者としてみた場合の大塩の学説はそれほど重要ではないが、その思想の精華である「知行合一」を身を以て実践したことは評価してよいと言っている。

吉田松陰(7)の場合——人は皆己の四季を生きる——

次は、これも幕末の志士で江戸幕府によって死罪に処せられた人物である。咄堂は、次のように言う。

……江戸檻致の命を聞くに至れり。彼はここに意外の死に所を得たりしなり。

鳴かずあらば誰かは知らん杜鵑(ほととぎす)　さみだれ暗く降り続く夜は

と吟じ、死を決して江戸に送られぬ。

と、松陰が囚人として江戸に護送される時既に自分の死を悟っていたとして、そのときの松陰がたどり着いた死生観を以下のように紹介する。

> 彼、江戸の獄中にあって死生を観じて曰く、
> 今日死を決するの安心に、四時の循環に於いて得る所あり。蓋し嘉禾（穀物）を見るに、春種夏苗秋刈冬蔵す、秋冬に至れば人皆その歳功の成るを喜び、酒を造り体を為り、村野歓声あり、未だかつて西成（実りの秋）に臨んで歳功の終わるを哀しむものあるを聞かず。吾行年三十、一事成ることなくして死して嘉禾の未だ秀でず実らざるに似たれば惜しむべきに似たり。しかれども義卿（松陰の字）の身を以ていえば、これまた秀実の時なり、何ぞ必ずしも哀しまん。何となれば人寿は定まりなし、嘉禾の四時を経る如きに非ず、十歳にして死するものは十歳中自ら四時あり、二十は自ら二十の四時あり、三十は自ら三十の四時あり、五十百に自ら五十百の四時あり、……義卿三十、四時すでに備わる、また秀、また実、その秕（中が空の実）たるとその粟たると、我が知る所にあらず。同志の士、その微衷を憐れみ、継紹の人（後継者）あらば、即ち後来の種子未だ絶えず、自ずから嘉禾の有年に恥じざるなり。……

こは、これ彼が留魂録(8)中に遺す所、天命を安んじて敢えて惑わざるもの、造詣の深きものにあらずんば、焉ぞかくの如きを得んや。彼は種子の断絶せざるが如く、自己の志を継ぐものの出でんことを欲せり。

四季の終わりに種子を残して枯れていく

松陰は、己の死を覚悟できたのは、自分の一生があたかも春夏秋冬の四季のようだと知ったからであるという。一年は四季の循環で完成する。人生は人によって長短はあるものの、自分は三〇歳という若さでありながら、すでに春を過ぎ、夏を過ぎ、実りの秋を迎えている。悲しむことなど何もない。一〇歳で死ぬものも、二〇歳で死ぬものも、三〇歳で死ぬものも、五〇歳で死ぬものも、皆それぞれの春夏秋冬を生きている。人の寿命に定めがないのはそのためである。そればかりか、自分の秋の実りの種子を受け継いでくれるものがあることを望むと言っている、と解説する。そして、

　更にその妹に与えたるものを見んか、

　さて、その死なぬと申すは、近く申さば釈迦の孔子のと申す御方には、今日まで生きて御座る故、人が尊みもすれば難有（ありがた）がりも、おそれもする。果たして死なぬではないか。……楠正成（くすのきまさしげ）公じゃの大石良雄じゃのと申す人には、刃ものに身を失われ候得共（そうらえども）、今生きてござるのは、刃のじんじん（引用者注：仁人のこと）に折れた証拠でござる、……

と、かれは肉体の死を言わずして社会的生命をいえり、彼は肉体の死を顧みずして社会的に生きんことを願えるに似たり。

妹宛の書信の中で、妹を安心させるためとは言え、釈迦も孔子も、楠木正成も大石内蔵助もみな、人々

の心の中に生きているから死んでいるとは言えないではないか、と諭していることを紹介し、ここに、かれが肉体の死を通じて歴史の中で生き続けることを願ったのであると解釈するのである。大塩は、己の肉体を犠牲にして永遠の「仁」を行ったのに対し、松陰はたとえ己の肉体は滅びようとも自分の後継者が育ってくれるのであれば、自分は彼らの心の中にいつまでも生き続けることができるとしたのである。また、その松陰の真情は高杉晋作宛の書信の中にも見て取ることができるとして、

…獄中より高杉氏に与うる書中に曰く、

僕去冬以来死の一字大いに発明あり。……死して不朽の見込みあらば、いつでも死ぬべし、生きて大業の見込みあらば、いつにても生くべし、僕が所見にては生死は度外に措いてただ言うべきを言うのみ、云々

と。果然（果たせるかな）、彼はただ死をのみ望む暴虎者流にあらざりしなり。不朽の見込あらばいつにても死ぬべし、大業の見込みあらばいつにても生くべしと、何ぞそれ壮絶なる、安政六年十月二十七日、彼は終に断頭台上の露と消えぬ。その辞世にいわゆる

身はたとえ武蔵の野辺に朽ちぬとも　とどめおかまし大和魂

の一咏は、彼の死生観の縮写なり。彼は肉に死して霊に生きんと欲したるなり。

と言うのである。

受け継がれていく志の中に生き続ける己

「虎は死んで皮を残し、人は死んで名を残す」という言葉があるが、松陰も自分の名声が永遠のものとなるならば、いつでもそのために命を捨てようし、生きて大仕事を成し遂げる見込みがあれば、必ずや生き延びてことを全うしようと思うと言って、大業をなすためには生死を度外視した生き方をしなければならないものと考えていたと言う。

　死する前七日、書を父兄に致して曰く、

　　平生の学問浅薄にして至誠天地を感格すること出来不申、非常の爰に立ち至り申候、嘸々ご愁傷も可被遊拝察　仕　候

　　　親思う心にまさるおやごころ　きょうのおとずれ何ときくらん

　と、至誠を吐露して人情の琴線に触る、誰かこれを読んで泣かざらん。彼の人格を想望して彼の死生観を味わう、吾人は無限の感慨なき能わざるなり。彼、死して彼は死せざりき、彼の門下よりは続々小松陰を生ぜり。維新の大業は、実にこの小松陰の手によって成れり。彼以て瞑すべきか。[9]

まさに「かの人にしてこの死生観あり」というべきであろう。誰もがまねのできることであるとは決して言えないが、自分の「生」を考える時、同時に「死」を直視する姿勢に貫かれていることが、大塩同様に見て取れるであろう。

道元[10]の場合――生は生、死は死――

咄堂が次に問題にするのは、鎌倉時代の禅僧で、曹洞宗を開き、永平寺を創建した道元である。

道元禅師はわが国曹洞宗の高祖たり。所説頗る穏健、死生を論じては、

生より死に移ると心得るはこれ誤りなり、生は一時の位にて、すでに前あり、後あり、故に仏法の中には生即不生という。滅も一時の位にて、また前あり、後あり、これによりて滅即不滅という、生という時には生より外に物なく、滅という時には滅の外に物なし。

といい、又

生も一時の位なり、死も一時の位なり、譬えば冬と春との如し、冬の春となると思わず、春の夏となると云わぬなり。

とあり、

大聖は生死を心に任ず、生死を身に任ず、生死を道に任ず、生死を生死に任ず。

といい、[11]……

と、道元の死生観を、「生即不生」「滅即不滅」という矛盾した言い方の中に見て取ることができるとする。

この場合、「滅」は「死」が前提になっている。「死」を「滅」と言い換えていると言ってもよい。普通われわれは生から死へという方向で考える。生きているからこそ死ぬ。つまり「死」によって「生」が滅し

たのである。いや「生」が滅することを「死」というのだ。だが道元はこうした見方を取らない。「生」は「死」とは無関係に「生」そのものである。「生」きている時は「死」を思う必要はない。われわれは「生」以外の何ものでもないのだから、われわれにあるのは今ここにある「生」だけである。われわれ生者は「死」を知ることはできない。それを知ることができるのは死者だけである。また、同様に「生」を知ることができるのは生者のみ。死者は生を知ることはできない。われわれに分かるのは、今自分が生きているということであり、われわれができるのは、その今を生きることであるという。こう考えることによって、生を死から切り離して、つまり死への恐怖から自分を解放することができ、今眼前にある生を存分に生き切ることができるのだと言う。いかにも宗教者らしい死生観と言えよう。こうして道元は人々を死の不安や苦しみから救済しようとしたと見ることができる。

次に取り上げるのは、ひとりの宗教学者が宗教学理論としての死生観ではなく、まさに自らのガンと闘いつつその過程で自得していった死生観である。先の大塩や松陰、そして道元などの死生観と同様に、東洋の死生観のひとつの典型としてよいと思われる。

（四）岸本英夫著『ガンとたたかった十年間　死を見つめる心』[12]から

「生命飢餓状態」にある者の死生観とは……

岸本氏は、自分が初めに到達した死生観とは、生存の見通しに対する絶望が引き起こした「生命飢餓状態」の中で得たものであるとして、冷静な理知によって得られるそれとは大いに違っているという。どう違うのかと言えば、身近に迫り来る自身の死を、他人事のように見る、つまり達観することなどできない、なぜなら自身の死は恐怖の対象以外の何ものでもなく、自分にとっての「生」は執着の対象そのものに他ならない、からであると。

生死観を語る場合には、二つの立場がある。第一の場合は……人間一般の死の問題について考えようとする立場……いわば一般的かつ観念的な生死観である。……しかしもっと切実な緊迫した立場がある。それは、自分自身の心が、生命飢餓状態に置かれている場合の生死観である。……ぎりぎりの死の巌頭（がんとう）にたって、必死でつかもうとする自分の生死観である。……はげしい生への執着となり、死に対する恐怖となって現われる。……生命飢餓状態というものは、生存の見通しに対する絶望がなければ起こってこない。[13]

絶え間なく襲う死の恐怖

自分の身を苛み苦しめるのは、ガンという病でなく、それによって間もなく死んでしまうだろうという死の恐怖であるという。それがどれほどのものか、岸本氏のような「生命飢餓状態」にないわれわれにとっては到底知ることはできないが、想像してみることはできるであろう。

生命飢餓状態になった場合には、……死の恐怖は、人間の生理心理的構造のあらゆる場所に、細胞の一つ一つにまで、しみわたる。生命に対する執着は、藁の一筋にさえすがって、それによって迫ってくる死に抵抗しようとする。……肉体の苦痛はいかにはげしくとも、生命を絶たれることに対する恐怖は、それよりももっと大きい。(14)

その恐怖とは、家族も仕事も、家も財産も、そして未来のすべてを失ってしまうことへの恐怖であろう。それは病からくる痛みの感覚すらも失わせるほどだという。痛いという言葉を発する自我も、それを聞いてくれる家族も、何もかもがすべて無に帰してしまう、つまり絶対的なゼロとなってしまうことへの恐怖なのだ。それほどにわれわれはたくさんのものを持って生きている。

ここにおいて「本来無一物（ほんらいむいちもつ）」という禅語が思い出される。この言葉は、人というものがあまりに執着心が強すぎるために、煩悩に苦しめられるのだから、煩悩の本になっている自我を捨てるべきことを言う時に使われている。

死後の救いはあるのか

「この自分」はどうなるかという点に集中してくる。これが人間にとっての大問題となる。……天国や浄土に対する信仰は……その最も単純明瞭な形である。……私自身は死によって、この私自身というものは、その個体的意識とともに消滅するものと考えている。……もっとも有力な武器である死後の生命の存続という信念を持っていないのである。素手で死の前に立っているようなものであろう。[15]

彼は、ここで、一般に信仰されているような死後の救済など信じていないと断言する。死後の救済を信じることができればいかばかりか心の平安を得られもしようが、宗教学者としての彼は、合理的な根拠もないままそれを受け入れることはできないのである。結局、この問題はいくら考えても、「死」によって「自我」が「滅」してしまうこと、「無」に帰してしまうことへの恐怖が拭えないと告白している。

人間にとって生命こそが実体あるもの

死というものは、実体ではない……死を実体と考えるのは人間の錯覚である。人間にとって生命は実体である。……そのいのちのなくなる日まで、人間は生命を大切によく生きなければならない。死というのは別の実体であって、これが生命におきかわるのではない。ただ単に、実体である生命がなくなるというだけのことである。……死の暗闇の前に素手で立っていた私は、このぎりぎりの限界状況までできて、逆に、大きな転回をして、生命の絶対的な肯定論者になった。死を前にして大いに生きるということが、私の新しい出発になった。[16]

「死とは実体ではない」と言い切ったとき、彼はついにひとつの悟りに辿り着いたようである。ここで彼が言っていることは先の道元の言葉と全く同じである。つまり、自分が生きている時は、生きている以外の何ものでもない。誰も否定のしようない生を自分は今生きている。その「今を生きている」自分が、「死」を実体として経験することなどできないと知ったという。それが「死を前にして大いに生きる」という言葉に凝縮されている。それは自分の「死」があたかも他人事のよう思えるようになったというのである。死があるから生があるのではない。生はそれ自体として絶対的にわれわれのものなのだ、という境地であろう。

成瀬仁蔵が教えてくれた「死は別れのとき」

岸本氏に死の時が刻々と迫ってきた。そして自分自身が死を迎えるとき、それはいよいよ大勢の人々との「別れのとき」が来たのだと、彼は考えるようになった。人は誰も皆四苦八苦しながら生きているという。「愛別離苦」はその八苦の中に数えられる。人は出会いと別れを繰り返しながら生きている。肉親との別れ、友との別れ、出会いがあるからには別れもまた避け難い。「会うは別れの始めとか、さよならだけが人生だ……」という言葉が人口に膾炙する所以である。そう思えば、人はいつか親しい友や愛する人と別れのときがくるということを受け入れなければならないであろう。彼は言う、

……生命の充実感にあふれるような生き方をしていけば、死の恐怖に勝ってゆけるのではないか。……ふとした機会に、「死」ということに対する考え方の目が開けたのである。その目を開いてくれ

> たのは、目白の日本女子大学の創立者である成瀬仁蔵先生の書かれたものであった。成瀬先生は肝臓癌にかかり、医者は、それをかくしていたが、先生は自分の病気を知っていた。……いよいよ死が近づいたという頃……全学の学生の前で告別講演を行った。その講演は大変な感激を聴衆に与えたそうである。二年ほど前のある日、私は、女子大の成瀬記念会で講演をたのまれ、準備のために、先生の書かれたものをよんだ。その時に、私は、ふと、「別れのとき」ということに気がついたのであった。死というのは、人間にとって、大きな、全体的な「別れ」なのではないか。そう考えたときに、私は、はじめて、死に対する考えかたが、わかったような気がした。[17]
>
> この「別れのとき」のあることを思うと、自分の日々の生活に対する態度も、おのずから、身のひきしまるものをおぼえるのである。[18]

別離の後に、再会のときがあるかどうか。「一期一会」という言葉にはそうした再会の願いを断念するような響きがある。人生は常に「一期一会」といわれる。やり直しはない、もう一度はない、いつも一回限り。これが人生なのだということをわれわれに教えてくれる言葉だ。岸本氏も、生命飢餓状態から脱け出してようやくこのことを身を以て知るに至ったという。成瀬仁蔵も、志半ばで急逝してしまった。我が子のように育み慈しんできた日本女子大学校とそこに集う学生を思う時、断腸の思いであったに相違ないが、しかし彼は学生たちに別れのときが来ましたといって「告別講演」を行ったという。そして岸本氏は、まさにそうした成瀬の最期を通して「生」の本当の意味を知ったというのである。

死に直面して生の尊さを知る

その生の本質とは何か。彼はそれを生命のかけがえのない尊さであるという。人は死を拒むことはできないかも知れないが、今は生きているではないか。その「生」を腹をすえて生き切ることが大事であるとして、次のようにいう。

……人間の命を、死に直面するところまでもっていって、そこで、命の尊さというものを知って、その上で、人間生活を考える……死の場に立って、はじめて、命の尊さを知り、そこに腹をすえて、人生を見直す……最後に、死の時がくれば、その時には、従容（しょうよう）として、この私の世界に別れを告げて死んでゆくことができるように、平生から生きていかなければならない……死後の生命という考えかたは、まったく、たのむに足りない⑲……

このように考えていくと、死後の生命とか、死後の救済ということよりも、今の生をどれだけ充実させるかということしか頭の中にはなくなってしまうであろう。死後のことなどもうどうでもよくなってしまう。道元と全く同じではないか。

生き甲斐を感じて生きることが本当の幸福

今の生を充実させると何がその先に待っているかといえば、それは「幸福」であると彼はいう。幸福に生きるというのは、生き甲斐を感じて生きるということ、目標を持ってそれにまっしぐらに生きていくこと、そしてその生き方が周囲の人々の幸福にも繋がっていること、それこそが幸福であるとして、次のように言う。

> 人間にとって、幸福に生きるかどうかが、いちばん終局的な問題……生き甲斐を感じてさえいれば、みかけだけの幸福であったものも、力強い、本当の幸福に変わってくる……生き甲斐ということは、むしろ、一つの目標をもって、その目標に心を打ち込んで、一筋にすすんでゆくことの中にあるのだ、……自分の命のすべてをあげて、ささげつくしえたときに、人間は、もっとも強い生き甲斐を感じて、本当に幸福なのだ……そして人間が、一筋に打ち込んでいって、その中に、生き甲斐を、見出す目標となるのは、その仕事である……それは、人間の本当の幸福につながってゆきます。もちろん、その幸福というのは、自分自身の幸福ではなくて、すべての人間の幸福をふくんでいる、……このように、自分の身近にある仕事に、打ち込むことによって、本当の幸福にまで、達することができる……[20]

彼は明言していないが、おそらくこうした心境に至ったのも、ふとしたきっかけから知ることとなったあの成瀬仁蔵が日本女子大学校に生涯をかけて傾け続けた情熱に触れたことが大きかったのであろうと思われる。

（五）死後の肉体──「九相図」から──

さて、死生観を知る上で、もうひとつおさえておきたいことは、人の肉体を通して生と死がどのように考えられてきたかである。「海ゆかばみづくかばね、山ゆかば、くさむすかばね」という歌がある。これは日本が第二次大戦中に兵士によってよく歌われた一種の軍歌として知られるが、原歌は、『万葉集』巻十八所収の大伴家持作「賀㆓陸奥国出㆑金詔書㆒歌」にあるらしく、「海行かば　水漬(みづ)く屍(かばね)／山行かば　草生(くさむ)す屍／大君(おおきみ)の　辺(へ)にこそ死なめ／かへりみはせじ」というものである。

この「水漬く屍……草生す屍」という描写は、実になまなましくむごたらしいものである。誰にも葬られることなく、腐乱して海に漂い続ける屍体、同様に腐乱したあげく白骨化した屍体の中を草が生い茂る様はとても今のわれわれには直視できないほどであろう。しかし、人は死ねば、そして葬られることなく放置されれば、例外なく魚やカラスの餌食になりながら、果ては白骨になってしまういわば肉の塊に過ぎないのである。

これを早くに「九相図」として絵にして、人の死の実相を視覚に訴えて知らしめようとしたものがあり、今ではその存在すらあまり広く知れわたってはいないようなので、その概要を簡単に紹介しておく。

仏教文化等を研究している西山美香氏は、その論文「九想（相）図」において、

> 九想（相）図とは、人間の死骸が土灰に帰する（傍点は引用者による。以下同じ）までの9段階の変相を

いう。またこの変相を観想して肉体への執着を断ち、無常を悟って解脱をはかる修行のことである。……これを詠じた漢詩を九想（相）詩という。……仏教絵画の題材のひとつでもある。美女の死体が次第に腐敗してゆき、最後には白骨となる過程が九段階で描かれている。日本では管見では一例のみ男性である以外、作品中の人物は美女として描かれ、檀林皇后[21]とされる数例を除いて、現在ほとんどが小野小町とされている。絶世の美人であった小野小町は、美貌と歌才に誇って、懸想する男を翻弄した。老後、容色が衰え、生活に貧窮し、乞食となってさまよい歩いた。在原業平が奥州に赴いた後、「秋風の吹くにつけてもあなめあなめ」と詠う声を聞き、翌朝探したところ、目の穴から薄の生えた小野小町の髑髏を発見した。これが中世にひろまった小野小町零落譚である。[22]

と紹介している。仏教の無常観と相まって、この世に生きる人のはかなさを強く印象づけることができたことであろう。特に檀林皇后は、自らの意志で死後の埋葬を禁じ、屍体が朽ちるに任せ、それを描かせてできたのが京都東山区西福寺に伝わる「檀林皇后九相図」だと言われる。このように、「九相図」は見る者に理屈抜きに今生きていることの大切さを教える。しかし、見ようによっては、死が醜いもの、汚れたものという本来日本人が死に対して抱いていたイメージを一層増幅させてしまう一面もある。やはり死は忌避すべきものという思いを催させないとは言えまい。

（六）武士道において

『葉隠』の場合

武士道を論じた文献といえば、最もよく知られているのが「武士道といふは死ぬことと見つけたり」に始まる『葉隠』であろう。佐賀藩士山本常朝（出家して、じょうちょう）（一六五九～一七一九）の談話を、田代陣基（一六七八～一七四八）が筆記したとされ、享保元年（一七一六）頃成立。成立当初は、佐賀藩内では禁書に近い扱いを受けていたので、藩士はこれをこっそり回し読みしていたと言われる。特に冒頭の、

武士道といふは死ぬ事と見付けたり。（『葉隠』聞書第一ノ二）[23]

は特によく知られた一節である。これは、主君から死ねと言われれば、いつでも躊躇無く死んでみせることのできる潔さをいう。その意味で主君への奉公とは、主君のためとあれば自分にとって最も大切な命さえも惜しんではならないということになる。しかも、そうした命懸けの「滅私奉公」が「忍ぶ恋」に喩えられる。

恋いの部りの至極は忍恋（しのぶこひ）なり。「恋ひ死なん　後の煙に　それと知れ　終（つひ）にもらさぬ　中の思ひは。」かくの如きなり。命の内にそれと知らするは深き恋にあらず、思ひ死にの長（た）けの高き事限りな

し。たとへ、向より、「斯様(かよう)にてはなきか。」と問はれても、「全く思ひもよらず。」と云ひて、唯思ひ死に極むるが至極なり。(同第二ノ三三[24])

このように、主君への忠義の心は、心中深く秘めていればよく、主君の前ではあからさまにひけらかすものではないという。それはまさに相手に気取られず、しかしひたすらに恋い焦がれる「忍ぶ恋」さながらであれというのである。

(武士道とは)……恋の心入の様(やう)なる事也。情けなくつらきほど、おもひを増すなり。偶(たま)にも逢ふ時は、命も捨つる心になる。忍恋などこそよき手本なれ。一生言ひ出す事もなく、思ひ死する心入れは深き事なり。又自然(万が一)偽(いつはり)に逢ひても、当座は一入(ひとしほ)悦び、偽の顕はるれば、猶深く思い入るなり。君臣の間斯(か)くの如くなるべし。奉公の大意、これにて埒(らち)あく(きまりがつく)なり。理非の外(ほか)なるものなり。(同二ノ六一[25])

主君への忠義心が「忍ぶ恋」に喩えられるのは、主従関係とは、双方の利害で繋がるものでないことは無論のこと、道理や理屈に従って仕えるものですらないことを言おうとしているからである。理非曲直を超えて、ひたすらに主君に仕えることが求められる。それはまさに主君を恋人のように恋い慕い、そしてその恋人のためならわが命すら惜しむものではない、というようにまさに思い詰めた気持ちのまま主君に仕えることが求められる。『葉隠』が言う「死ぬこと」とはそうしたことだろう。

『武道初心集』の場合

この『葉隠』と前後して著されたのが大道寺友山（一六三九～一七三〇　江戸時代の武士、兵法家）著『武道初心集』である。それは次のような一節から始まる。

> 武士たらむものは、…日々夜々、死を常に心にあつるを以て、本意の第一と仕候。…人は死を忘れる故に、常に過食、大酒、淫欲の不養生を致し、脾腎の煩を仕出し、思ひの外なる若死にをも致し、たとひ存命にても、何の用に立たざる病者とはなり果候。死を常に心にあつるときは、其身の年も若く、無病息災なりといへども、兼て補養の心得を致し、飲食を節に仕り、色の道をも遠ざけ、たしなみ慎しみ候故に、其身も壮健に候。…死を常に心にあつるときは、貪欲の心もおのづから薄くなり、ほしきおしきのむさき（いやしい）意地あひも、左のみさし出ざる道理に候。」（総論[26]）

たとえ平和な世の中においても、武士は常に「死」と向き合って生きなければならないことを教える。しかも、そうした心構えがあってこそはじめて健康な人生と長寿が得られるという。皮肉なものである。人は、明日死ぬかも知れないと思えばこそ、今を大切に生きようとする。もしこの心がけを失うと、人は今日という日を浪費するに違いない。いやそればかりか不摂生・不養生に陥り、かえって惨めな生涯を送ることになるであろうと戒める。これは冒頭の一節に過ぎないが、これこそが武士道における死生観と言えよう。武士が長い間、戦場において常に死を念頭に置いて戦っていたことからこうした考えが導き出されたのであろうと想像することはそれほど困難ではない。「死」を眼前から追い払い、これを忘れて生きていてはろくなことがないと教えている。死は誰もが恐れることである、それゆえこの世の中においては最も不吉なこととして遠ざけられている。しかし、そうであっても「死」を忘れて生きることほど愚かな生き方はないと言う。常住坐臥、いついかなる時も死を覚悟して生きよと教えるこの言葉は実に尊いものがあろう。

まとめ

主に日本人の著作を通して死生観についてみてきた。冒頭でも触れたように、東洋思想における死生観をここで論じ尽くすことはできないし、筆者の手に余る。そのためにそのごく一部分を紹介したに過ぎないのであるが、それでもあらゆる人にとって避けることのできない、そして人生の最後に直面しなければならない「死」を、生きている間にこそしっかり見つめておくことは必要である。それは突然やってくるかも知れないからである。西洋にも「メメントモリ memento mori」（死を記憶せよ）という言葉が古くローマ時代からあるという。わが国では、とりわけ武士道において「死」は常に凝視されており、そして仏教において最も深く探求されていたとは言えるが、そこで説かれる死後の救済としての極楽往生が必ずしも人々の死への不安を和らげるものではなかったことも、一宗教学者の日記を通して知ることができた。

第七章　幸福観（1）

はじめに

次のような質問をいくつかしてみたい。

1. あなたは今「幸福(しあわせ)」ですか

あなたはこの問いに、「毎日の生活に追われていて、幸福なんてことをいちいち考えてる暇はない」と答えますか、それとも、「私は幸福になりたいのにちっとも幸福になれない」と不満を述べますか、それとも「一体幸福って何だ？　教えて欲しい。それが分かれば苦労はないよ」と聞き返しますか、それとも「そう、私は幸福です」と答えますか。

上田敏の詩に「山のあなたの空遠く、幸せ住むと人の言う。……」で始まる詩がある。[1]教科書にも採られていたので誰でも知っているはずだ。この詩は、幸福を求めているのに得られない、それどころか近づくことすらできない、なぜならば幸福そのものの正体が分からないから、という意味にも取れる。あるいは、あのメーテルリンクの名作「青い鳥」のように、幸福は遠いどこかにあるのではなく実はごく身近にあるのだというふうにも解釈できる。そんなわけだから「あなたは今幸福ですか」と突然尋ねられて、

「イエス」と答えようとした人も、「ノー」と答えようとした人も、その前に「幸福とは何だろう」と一瞬考え込んでしまうのではないだろうか。

もしかしたら「幸福ですか」と問うこと自体ナンセンスなのかも知れない。なぜなら、「その前に、そういうことを私に尋ねるあなたこそどうなんだ」とすかさず反問されそうだから。つまり「あなたは幸福か」などということを他人に聞くこと自体失礼であり、そんな暇があったら自分自身の幸福についてじっくり考えてみるべきものなのかもしれない。

古くから「幸福論」と題する本が書かれている。例えば、バートランド・ラッセルの『幸福論』、アランの『幸福論』、ショーペンハウエルの『人生論―幸福について』など、哲学者による名著が山ほどある。それほど長いものではないが、三木清（一八九七～一九四五）の『人性論ノート』にも幸福を論じた一章がある。彼も哲学者であった。

それでも敢えて、問いを重ねてみたい。第二の問いは。

2．これまで、「自分は幸福だ」と思ったのは、どういうときですか

これは自分自身の過去を思い出してみれば、そんなに難しい問いではないかも知れない。楽しかった思い出、満足感に浸っていた時の思い出、それほどたくさんではないけれども、指を折って数えることはできる。そして、あのときは訳も分からず楽しかったという気持ちしかなかった……とか、あのときは心が何か満足感に満たされていたっけなあ……とか思い出してみて、「そうか。あれが幸福というものだった

のだ」と改めて確信するかも知れない。

達成した喜び、成功した喜び、実現した喜び、……。何にせよ求めていたものが手に入った時に感じるもの、これが幸福ではないだろうか。そんな時にこそ、「生きていてよかった」と自分の人生に充実感を得るのである。それはある何事かを達成するために、成功するために、実現させるために、これまで払ってきたさまざまな苦労や努力や工夫が報われた喜びといってもよい。そうすると、「幸福」とは「喜び」という言葉に置き換えることができる。「喜び」とは一種の感情である。感情はとても移ろいやすいものである。よく知られているように、感情には「喜怒哀楽」の四種類がある。感情だから長続きすることができない。一度得た幸福がその後もずっと持続するのならばよいが、決してそうはならず、一時的な感情としてまもなく消え去ってしまう可能性が高い。

このように考えると、幸福とは感情という実に不安定な基礎の上に乗っている心的状態と言わなくてはならない。次の問に移る。

3．あなたにとって、「人生の目的は幸福」ですか

人生の目的が幸福にあるとしたら、人生とは、うたかたのように消えては浮かぶ幸福を常に追い求め続けなければならないことになる。たとえ幸福がはかないもの、一時的な感情に過ぎないものだからといって、われわれは幸福以外に何を求めればよいのか。それが単なる一時的に過ぎない感情だとしても、われわれは求めないではいられない。なぜなら、自分の人生を充実感で満たすことこそが、生きていてよかっ

たと感じる瞬間であり、それがつまりは幸福ということだからである。

　充実の反対は空虚である。自分の人生が空虚に感じられる時に人はそれを幸福と感じることはできないはずである。だが、どんな幸福を経験した人でも、時が経つと心の中を一杯に満たしてくれていた喜びの感情はいつの間にか失せてしまい、再び空っぽになってしまうことであろう。人生とは、空虚と充実の繰り返しなのかも知れない。そうだとわかると、幸福とは得ることが難しい上に、それを持続させるのはさらに難しいと思い知らされる。幸福を手に入れると同時にそれを持続させるための術はないだろうか、と誰もが考えるであろう。

　ところで、「神頼み」という言葉がある。「苦しい時の神頼み」というのが正しい言い方であろうが、しかし人が神頼みをするのは苦しい時ばかりではない。年の初めに神社仏閣を参拝し、ついでに一年の運勢をおみくじで占うことがわが国では普通に行われている。それは極めて単純な吉凶占いであるが、この「吉凶」こそ「幸福」と「不幸」の別の言い方である。とすると人は自分の幸不幸を「神頼み」しているのではあるまいかと思われる。次の問に移る。

4. あなたは「幸福は自分で手に入れるもの」と思っていますか、それとも神仏などの超越的神秘的な力によって「与えられるもの」と思っていますか

　もちろん幸福は、自分で手に入れるものと誰もが考えている。たしかにそう考えてはいるものの、その反面自分の力だけではどうにもならないものであることにも薄々気がついている。そこで登場するのがこの「お神籤（みくじ）」という占いである。幸福は、努力しても必ず得られるとは限らないということであろうか。また、その反対に不幸は望まないのに、しかもこちらの予期しない時に突然降りかかるということであろうか。

人は思うかも知れない、「幸福なんて望まない、せめて不幸でなければよい」と。あるいは「不幸でないこと、これこそが幸福なのだ」と消極的幸福論で自分を納得させようとする人がいるかも知れない。しかし、「不幸でさえなければ幸福だ」というのはどこか自分をごまかしている感じもする。本音を言えば、やはり正真正銘の幸福が欲しいのだ。そこで登場するのが宗教ではないかと思う。宗教は超越的な力を前提にする。自分の意志だけではどうにもならないものも、神の持つ神秘的で超越的な力に頼れば与えられると思うのである。だが、このためには神（仏）を信じることが大前提となる。ひたすら神（仏）を信じて、神（仏）にすべてを委ねて、やがて神（仏）が幸福を与えてくれるのを待つという生き方である。幸福を人の力で手に入れることを断念してしまったというべきであろうか。それほど人は幸福の前には非力なのかも知れない。最後の問に移る。

5．あなたは幸福が得られないと分かったらどうしますか

これは仮定の質問であるから、何とも答えにくい。「人生に絶望したらあなたはどうしますか」と問うているのと同じだからだ。幸福が得られないなんてことはあり得ない。人間生きていれば必ず幸福になれる時がくる、そう信じて生きていくことが大切だ、人生に絶望したら残るのは「死」だけだ、と誰もが考

えるであろう。しかし、「死」すらもその絶望の淵から救い上げてくれるという保証はない。生きている人にとって、「生」も確かに苦しみではあるが、「老」や「病」にも増して「死」こそが最大の「苦」であり従って最大の「不幸」かも知れないではないか。だが人はそういう心境に簡単に追い込まれてしまうものである。

（一）幸福の諸相

「福禄寿」という言葉がある。七福神[2]の中に「福禄寿」という神様もいるらしいが、その本来の意味は、家族の繁栄を意味する「福」と、裕福な生活を意味する「禄」と、長生きを意味する「寿」が三つ合わさって作られた語で、この三つが古来幸福の三条件とされてきた。どれも現世的な価値観に貫かれた幸福観である。

家族の繁栄といっても具体的にどの程度ならば「福」なのか、裕福な生活といってもどのくらいの財産があれば「禄」なのか、長生きといっても何歳くらいまで生きれば「寿」なのか、これらは明確な基準があるわけではなく、人によって受け止め方が違うから、定量的に計測することが可能な客観的状態を指して言うことはできない。

だから「福禄寿」といった「幸福の三条件」が与えられていても、それが直ちに「幸福」感につながるかどうかは個人差がある。同様に不幸もそうである。人によって幸不幸の感じ方は違う。幸福感とは実に主観的である。幸福感が感情に支配されているとすればなおさらであろう。

幸福について考えていくと、さらにやっかいなことが起きてくる。それは誰にとっての幸福なのか、どんな性質の幸福なのか、どうやってその幸福を手に入れるかという、幸福それ自体でなく、それを取り巻く諸問題も同時に考えなければならない。

先ず第一の「誰にとっての幸福か」では、単純に「自分の幸福」とだけ見ることはできない。人によっては、自分だけの幸福に安住することを潔しとせず自分と血を分けた家族全員の幸福を願う、あるいは自分が所属する社会全体の幸福を願う、さらに世界全体の幸福、人類全体の幸福を願うという人もいるであろう。幸福とは自分だけの幸福に止まらない。むしろ、自分の幸福を後回しにして隣人の幸福を優先させる人も決して少なくない。

第二の「どんな幸福か」では、先に述べたような一時的幸福を求める立場は刹那主義として退け、長続きする幸福をこそ求めるべきであるという考え方もあろう。

また、極めて利己的に自分だけの幸福を追求する人がいれば、それは誤った考え方であるとして、他者と共有できる幸福をこそ求めるべきであるという人もあるであろう。

また、他人から羨まれるほどの幸福が欲しいという人がいれば、幸福というのはあくまでも自分の心の問題なのだから、他人がどう思おうと自分だけが幸福を感じられればよいのだ、という考え方もあるだろう。

さらに、幸福とは、幸福を実感しながら生きる幸福のことだという、積極的に幸福を追求しようとする人もいれば、不幸を感じないで生きていけることこそ幸福に違いない、と考える人もいるだろう。

このように、幸福を考えることは、人として生きていく上でどうしても避けられない大問題であることに気付く。次に東洋の古典の中の幸福論から第三の「幸福を手に入れる方法」を探ってみよう。

（二）古典が教える幸福

本節では「幸福」というものについて、またそれを手に入れるための方法について、先人たちの智慧を紐解いていく。

いかに幸福を得るか――幸福は自助努力か、それとも運命か――

すべての人は皆幸福を得たいと望む一方で、不幸を遠ざけたいと願っている。にもかかわらず、幸福を得る人が決して多くないのはなぜだろうか。また不幸を望む人はいないはずなのに不幸になってしまう人が後を絶たないのはなぜなのかという疑問は古くからあった。そこからそもそも幸不幸、つまり禍福を見極めることは至難のことであるという考えが定着した。例えば、「禍福は糾える縄のごとし」ということわざは、禍福、つまり幸と不幸はより合わせた一本の縄のようである、つまり人生を一本の縄に喩えるならば、あたかも縄が二本の糸をより合わせてできているように、幸福と不幸が交互にやってくるものだという意味である。

さらに『老子[3]』には

禍は福の倚る所、福は禍の伏する所、孰れか其の極みを知らん。（第五十八章）

という言葉がある。一体人はどのようにして不幸になったり、幸福になったりするのであろう。幸と不幸は実は思いがけないところで待ち構えているというのである。これを直訳すれば「不幸は幸福に寄りかかっている、幸福は不幸の下に横たわっている」ということで、つまり世の中は自分の幸福に有頂天になっている人が突然不幸のどん底に落ちることがあり、不幸を嘆いている人に突然幸福がやってくることもあるということである。幸福であっても不幸への備えは怠ってはならぬということと同時に、不幸にあっても絶望せず幸福を求め続けよと教えている。

そうした幸不幸が予知し難いのは確かであるが、しかしそれは天から与えられるものでもなく、禍福を作り出すのは、結局のところ他ならぬ自分自身であることを知らねばならないという。それが、『淮南子』[4]の次の一節である。

夫れ禍の来るや、人自ら之を生じ、福の来るや、人自ら之を成す。（人間訓）

幸福を得るためには先ず不幸を遠ざけることが肝心であるとして、不幸の源を断つべきであるとして老子は次のように言う。

禍は足るを知らざるより大なるは莫く、咎は得んと欲するより大なるは莫し、故に足るを知るの足るは常に足れり。（同第四十六章）

と、「満足の限度を知らないこと」と「何でも手に入れようとすること」の二つ、つまり貪欲こそが不幸の源であるして、「足ることを知る」満足の限度をわきまえることこそが、不幸から身を遠ざけるための秘訣であるという。

また、孔子は、人の幸不幸を決める最大因子である「死生」と「富貴」は、個人の努力だけでは決められないとして、

死生命有り、富貴天に在り。（『論語』顔淵篇）

と、人は誰でも例外なく、長生きを願い、高い身分と多くの富を願うけれども、万人がその願いを叶えられるものではなく、それを決めるのは人間を超えた超越的存在である「天」であり、「天」が人にそれを運命として与えるからだという考え方を持っていた。「人事を尽くして天命を待つ」といった時の「天命」と同じである。

このように、人は誰でも例外なく幸福を求め不幸を避けようとするが、思い通りには行かないことが多い。このために「占い」に頼る心情が生まれたのであろう。だが孔子について言えば、彼は決して占いを

肯定していたのではない。ただ人間には運命というものがあり、これは個人の力ではどうすることもできないと考えていたのである。孔子自身、極めて優れた才能を持ち、人並み以上の努力を積んだにもかかわらず、終に自分の理想を実現できないまま一生を終わってしまったことがその言葉を裏付けている。そういう意味では、孔子は後世「万世の師表」といわれ「聖人」とあがめられながらも、いわゆる「幸福」とは縁遠い人生を生きたと言えるかも知れない。

「幸福」と倫理道徳の関係——正しい生活は幸福につながる道か——

「幸福」が人生における究極の目的だとしたら、正しい生活をすること、つまり倫理道徳はそれを手に入れるための手段となりうるか、それともそれを妨げる障碍か、という疑問が湧いてくる。

倫理道徳とは、ひとがこの社会でいかに生きるべきかという規範であり、指針である。従って当然それは個人の実践にかかってくるものではあるけれども、あくまでも社会の中での行為だから、結局個人的行為だといっても社会に属するものとなる。そうするとわたしの幸福を願う人は、そもそもわたしだけの幸福であればよいのであるから、それを手に入れるために、社会と自分とを関係づける倫理道徳に従う必要はなく、従って「正しい生活」にこだわる必要はないことになってしまう。しかしこのような自分だけの幸福追求が当たり前になってしまったら、倫理道徳の危機を迎えかねないし、社会そのものが成立しなくなってしまう。

ではその反対に、徳（人格）を磨いて立派な人物（＝有徳者・人格者）となって、倫理道徳を踏み外すことのない生き方をすれば「幸福」になれるのであろうか。もしこのような行き方をしても幸福が得られないとしたら、徳（人格）を磨くことが「幸福の条件」でないこととなり、人は徳（人格）を磨くことに消極的になってしまう。そして「幸福」とは、そもそも自分が「感じる」ものだから、「何々せよ」とか「何々するな」という倫理的要請は幸福とは本来無関係だということになってしまう。

大乗仏教は、「自利利他」の菩薩行を教えの中心に置くといわれる。自他共に幸福になることが重要だとの教えであるが、確かにこのように考えなければ「幸福」論が利己主義の正当化に使われてしまう。やはり、遠回りに思えても、人が自分の幸福を得るためには、自他の関係を常に視野に置いて、倫理的に正しい生活をしなければならない。そこを離れては真の幸福は得難いということになる。言い換えれば「自分だけの幸福」は求めてはならないということである。

(三) 現代日本社会が指し示す幸福

「幸福」と法律の関係は？——国家は国民を幸福にするか？——

わが国の憲法には、次に見るようにいわゆる「幸福追求権」が規定されている。

第三章　国民の権利及び義務　第十三条【個人の尊重、生命・自由・幸福追求の権利の尊重】
すべて国民は、個人として尊重される。生命、自由及び幸福追求に対する国民の権利については、公共の福祉に反しない限り、立法その他の国政の上で、最大の尊重を必要とする。

と、公共の福祉に反しない限りという条件付きではあるが、誰もが自分の幸福を追求する権利があるというのである。具体的には、「プライバシー権」「自己決定権」等があるとされ、さらに日照権や景観権などの環境権もそれに当ると言われる。

「公共の福祉に反しない」とは、自分だけの幸福追求には制限がかかるという意味に解釈できるが、場合によっては自分の幸福追求が犠牲になっても、公共の福祉、言い換えれば社会全体の幸福追求が優先されることがあるということだとすれば、これはどう考えるべきだろうか。そのような場合でも個人の幸福は「最大の尊重」がなされ、一方的に個人の幸福追求権は決して踏みにじられることはあってはならないと規定されているというように解釈しておこう。ただしその場合でも大前提になるのは、「立法その他の国政」が真に「公共の福祉」を実現することでなければなるまい。

日本人はどれだけ幸福か？

現在、日本は経済大国として、国内総生産（ＧＤＰ）・国民総生産（ＧＮＰ）・国民総所得（ＤＮＩ）いずれの指標をとっても世界第三位にあり、これを国民一人当たりに換算しても世界十二位（二〇一一年。なお、アメリカは一〇位、中国は八八位）にあり、世界トップクラスにあることは間違いない。ところが、「どの国民が幸福か？」という観点から世界をランク付けすると、日本は決して上位にはいない。幸福を計る尺度が必ずしも「富」ではないことが証明されたのであるが、豊かなだけでは幸福にはなれないのなら、さらに何が必要なのであろうか。この問題について次に考察してみよう。

①「HPI」(Happy　Planet　Index　地球幸福指数)

新経済学財団（new economics foundation　略称 nef）が、二〇〇六年に発表したもので、環境の持続性と人類の幸福という二つの目標を結びつけて、「持続可能で公正な幸福」という目標を立て、これを指数化したものでHPIと呼ばれる。その計算方法は、

地球幸福指数＝生活満足度×推定寿命÷エコロジカル・フットプリント（生態系への影響：地球資源活用量）

人びとが長生きをし、しかも幸せな生活を送っているかどうかをHPI指数として国毎に調査したところ、生活満足度が高い国は、地球の資源を分不相応に消費していることがわかり、この点が却って分母となるエコロジカル・フットプリント（生態系への影響：地球資源活用量）を大きくさせたために、全体としての指数が低く現れた。その反面、分子が小さくとも、それ以上に分母の小さい国は高い数字として現れる。その結果上位一〇カ国に、バヌアツ・コロンビア・コスタリカ・ドミニカ共和国・パナマ・キューバ・ホンジュラス・グアテマラ・エルサルバドル・セントビンセントグレナーデンなどの小国が並び、一方大国に分類できる中国は三一位、同じくロシアは一七二位、世界の超大国米国は一五〇位、ヨーロッパの先進国ではドイツが八一位、英国が一〇八位、スエーデンが一一九位、フランスが一二九位であった。日本はヨーロッパの先進国に混じって九五位であった。日本だけではなく、経済的に豊かな国が必ずしも上位に

来るとは限らないのがこのＨＰＩ指数であろう。

②世界幸福度マップ（二〇〇六年発表）

次にこれと似たような調査がなされた。地球上の国々を幸福度の高い国、低い国を幾つかの色に分けて一目でその国民が生活に満足しているかどうかがわかるようにしたもので、これも先進国の幸福度が高いとは限らないことを証明するために作成されたもののようである。ただし、この幸福度調査に客観性を持たせるために、「幸福とは漠然としたものだが、今回の研究に当たっては健康、経済（富）、教育という極めて的確な尺度を用いた」とされる。この結果、（1）良好な健康管理（2）高い国内総生産（3）教育を受ける機会（4）景観の芸術的美しさ（5）国民の強い同一性、などの条件が整った国の国民は「幸せ」と回答する傾向が強いということがわかったという（毎日新聞　二〇〇六・七・二九　一〇時五〇分　ｍｓｎニュース）。

その上位一〇カ国は、デンマーク・スイス・オーストリア・アイスランド・バハマ・フィンランド・スエーデン・ブータン・ブルネイダルサラーム・カナダであり、ここでも米国は二三位、ドイツは三五位、英国は四一位、フランスは六二位であったとされる。この他、人口が多く国土も広い国として、中国は八二位、インドは一二五位、ロシアは一六七位であった。ここでも日本は高い順位ではなく、九〇位であったという。中国よりも下位に甘んじたことになる。これは各国民毎にアンケート調査を取っての結果であるから、経済的に豊かであるかどうかなど客観的条件がどうあれ、日本人の自己評価が相当に低かったことが窺える。

こうした調査は、その後も次々と行われ、以下のような結果がネット上に公開されている。

③より良い暮らし指標（BLI：Better Life Index）二〇一三年版

経済協力開発機構（OECD）が、国内総生産（GDP）に代わる国民の幸福度を測る指標として集計したもので、この結果OECD加盟国にブラジルとロシアを加えた三六カ国中、一位はオーストラリアとスウェーデン、三位はカナダで、日本は二一位であった。これは「生活の満足度」が二七位、「健康」が二九位、「仕事と生活の調和」が三四位と評価が低かったことが影響している。こうしたことが経済的に豊かでも結局総合点では比較的低い順位に甘んじていることが分かる。「住宅」「家計所得」「雇用」「共同体」「教育」「環境」「市民参加意識」「健康」「生活の満足度」「安全」「仕事と生活の調和」の一一項目をそれぞれ一〇点満点で点数化したものであるとのことであった。[5]

④「幸福の経済学」

大阪大学の筒井義郎教授は、日米の国民を対象にして、多面的に幸福度（満足度）を調査した（2005.11.26公開）。その結果は、ホームページ上に公開されている。この調査は、どのような人が相対的に高い幸福度を感じるかという点に着目した調査である。「A∨B」とあれば、Aの方がBよりも幸福度を感じる割合が多かったということである。（www.iser.osaka-u.ac.jp/rcbe/4thworkshop/Presentation/economicsofhappiness.

tsutsui.pdf 参照）

一、日米比較（＝社会文化背景比較）　↓米＞日
二、男女別比較　↓女＞男
三、年齢別比較　↓若＞老（但し、米：老＞若）
四、学歴別比較　↓高＞低
五、生活信条別比較　↓利他＞利己
六、職業別比較　↓主婦＞パート（但し、米：パート＞主婦）
七、所得別比較　↓高＞低
八、既婚者未婚者別比較　↓既婚＞未婚
九、性格別比較　↓「せっかち・心配性の人ほど幸福感が低い」

この調査で着目したいのは、五である。利他の傾向を持つ人の方が利己の傾向を持つ人よりも幸福に感じる割合が高いと言う結果は、「はじめに」で述べた通りのことを示している。

⑤内閣府による日本人の幸福度調査（二〇一二・六・二二発表）

これもほぼ毎年調査されており、内閣府の公式ホームページに「国民生活選好度調査」として公開されている（http://www5.cao.go.jp/seikatsu/senkoudo/senkoudo.html 参照）。この調査は、

1．調査の目的：「〝幸福感〟や〝新しい公共〟に係る国民意識とともに、生活全般や福祉領域に関する

考え方に係る長期的な人々の意識の変化を把握することを目的としている。」（平成二一年度版では、「幸福度を表す新たな指標の開発に向けた一歩として、国民が実感している幸福感・満足感の現状を把握することを目的としている」とある。）

2．調査対象：母集団　全国に居住する一五歳以上八〇歳未満の男女。標本数　四〇〇〇人

↓女性（平均六・六九）の方が、男性（平均六・二四）より幸福感が高い。

↓七点以上は、女性で五九％、男性で四八％を占めた。

↓このデータは、女性の平均寿命が長いことと関連があるのだろうか？

3．調査期間：略

4．調査方法：略

5．調査実施委託機関：略

6．有効回収数（率）：二八〇二人（七〇・一％）

以上の要領で、質問項目は全三五項目からなり、質問票は全一五頁に及んでいる。このなかで、幸福感に影響する要素として上位3位に、①「家計の状況（所得・消費）」、②「健康状況」、③「家族関係」が上がっている。

これらは、伝統的な幸福感の指針である「福」（＝③）・「禄」（＝①）・「寿」（＝②）と全く一致していることから、人の心は今も昔もそれほど大きくは変わらないということが読み取れ極めて興味深い。

（四）仏教国ブータンが掲げる『国民総幸福度』（ＧＮＨ）という発想

ブータン王国は、ヒマラヤ山脈の南に位置し、チベットと国境を接していたことからチベット密教の影響を受けている。国土の大部分は険しい山岳地帯であり、面積も九州ほどしかない小国であるが、現代では世界中から多くの関心が注がれている。それが、このＧＮＨ（Gross National Happiness）である。これは、一九七六年以来現在に至るまで同国の開発政策における理論的支柱となっており、ＧＤＰが経済的富かさを表しているに過ぎず、これでは国民の真の幸福を図ることはできないとして、幸福度を指数にして心の豊かさを国家の目標にしようと掲げられたものである。

日本外務省の公式ホームページは、ブータンのこうした政策を次のように紹介している。

ブータンの一人当たりの国民総所得は一九二〇米ドル（世界銀行　二〇一〇年）であるにもかかわらず，国勢調査（二〇〇五年）ではブータン国民の約九七％が「幸せ」と回答しています。「国民総幸福量（ＧＮＨ）は国民総生産（ＧＮＰ）よりも重要である」と、一九七〇年代にＧＮＨの概念を提唱したのは、先代のジグミ・シンゲ国王でした。ＧＮＨは、経済成長を重視する姿勢を見直し、伝統的な社会・文化や民意、環境にも配慮した「国民の幸福」の実現を目指す考え方です。その背景には仏教の価値観があり、環境保護、文化の推進など四本柱のもと、九つの分野にわたり「家族は互いに助け合っているか」「睡眠時間」「植林したか」「医療機関までの距離」など七二の指標が策定されています。国家がGNH追求のために努力することは憲法にも明記され、政策を立案、調整するGNH委員会が重要な役割を担っています。

（外務省「ブータン～国民総幸福量（GNH）を尊重する国」二〇一一・一一・七）

（http://www.mofa.go.jp/mofaj/press/pr/wakaru/topics/vol79/index.html）

ここでは、ブータンのGNHという国家目標が仏教の価値観に基づいていると解説しているように、伝統的東洋思想と無関係ではなく、従ってわれわれにも馴染みやすい考えであると言えよう。

まとめ

以上述べてきたように、現代においても万人の最大関心事が「幸福」であることが分かる。と同時に、何を基準に幸福と見るかには一定の基準がまだないということも明らかになった。ただひとつ言えることは、経済的豊かさは必ずしも幸福を保証しないということである。マネーを物差しとしていては、幸福はおろか豊かささえも計れない。さりとて貧しければよいというものではむろんない。貧しいよりは豊かな方がいいに決まっている。だが、何をさておいても豊かになることが最優先と考えて行動していると、かえって幸福から遠ざかってしまうというのはおそらくその通りであろう。

また複数の調査結果が示しているように、利己的行動よりも利他的な行動の方が幸福観に結びつきやすいという事実は、人がどのような幸福を求めているのかということとも関係して極めて興味深い。人が生涯にわたって求めているものが幸福であるということは間違いないとしても、それではその求める幸福の実体は何かとなると、簡単には答を出せないことに気付く。

第八章　幸福観（2）――東洋の幸福指南書・洪自誠著『菜根譚』より――

はじめに

本章では、前章で述べてきたことを下敷きにしつつ中国の古典であると同時に、わが国でも古くから読まれてきた『菜根譚』を手がかりに、東洋の伝統思想に見える幸福観を考察してみたい。

ところで、この『菜根譚』とは、明代末期万暦（一五七三〜一六一九）年間に、儒教・仏教・道教の三教を兼修した当時の知識人、洪自誠（こうじせい）が著したとされている。その書名の由来は、「菜根は堅くて筋が多いので、これをよく咬みうるのは、ものの真の味を味わいうる人物であるということを意味する」（岩波文庫解説三六七頁）ことにある。その構成は、全三五七則からなる箴言集で、前集・後集に分かれており、前集は二二二則、後集は一三五則となっている。岩波文庫本を例に取ると、原文の他、これに書き下し文と注釈、口語訳、解説が付いて全体で四〇〇頁弱からなっている。

本書の特徴は、前集は、「専ら世に立ち人に交わるの道を説く」（同三七五頁）ことを主な内容としており、後集は、「主として山林自然の趣と退隠閑居の楽しみとを述べる」（同三七五頁）を内容としている。言わば、処世哲学を簡潔な表現の中に凝縮して解き明かしており、座右において繰り返し読み味わうべきものと言え、処世哲学と言っても、「世渡り上手」の勧めではないし、人生を勝負に譬えてこれに勝利する秘訣を教えようとするのではない。ましてやいわゆる「ハウツーもの」ではない。本章の主旨に照らして言えば、平凡でも誠実に生きて、究極の幸せを掴むための心得を説いているというべきであろう。

文中からキーワードというべきものを拾い上げると、「誠実」「無欲」「素朴」「内省」「善行」「自然」「健康」「平凡」「中庸」「余裕」「仁愛」……などわれわれにとってとても身近な言葉を挙げることができ、筆者洪自誠はこれらを幸福の条件としていたようである。例えば、不正な手段で得た幸福は長続きせず一時的なものでしかないと説く。この場合の不正な手段とは、諂い・知謀・策略等である。そうして当たり前のことを地道に積み重ねていくことで幸福が得られるとして、「棚からぼた餅」のような僥倖はなく、また神頼みによっても幸福は得られないとしている。

明清時代の中国で読まれ、やがてわが国にも伝来して江戸時代から明治時代にかけて広く読まれた。現在でも書店に行くと数種類の『菜根譚』が並んでいる。例えば、吉田公平氏はホームページ上に、自身の著作『菜根譚―性善説の処世哲学―』を語る、として文章を公開しており、そこでは「心学」の書として紹介している点が印象的である。[1] また『論語』と並ぶ人生の教訓集として、現在も熱烈な『菜根譚』ファンがおり、そうした読者の手で、『菜根譚』の本文、書き下し文並びに通釈がネット上に公開されている。[2]

(一)『菜根譚』に見る幸福の条件

『菜根譚』が幸福をどのように取り上げて論じているか、ここでは今井宇三郎訳注『菜根譚』（岩波文庫一九七五）によって具体的に見ていこう。

真理を守り抜く

前集一　人生に処して、真理をすみかとして守り抜く者は、往々、一時的に不遇で寂しい境遇に陥ることがある。（これに反し）、権勢におもねりへつらう者は、一時的には栄達するが、結局は、永遠に寂しくいたましい。達人は常に世俗を越えて真実なるものを見つめ、死後の生命に思いを致す。そこで人間としては、むしろ一時的に不遇で寂しい境遇に陥っても真理を守り抜くべきであって、永遠に寂しくいたましい権勢におもねる態度を取るべきではない。（二五―二六頁）

「真理を守り抜く」とは厳しい言葉である。自分自身がこれこそが真理だと確信したことを守り通すということであろうから、これは「信念」と言い換えた方がわかりやすい。権勢に対する阿り（おもね）や諂いによって得た幸福は長続きしないどころか、いつか我が身を滅ぼしかねないという。世の中を巧みに泳ぎ渉（わた）るのではなく、大地をしっかり踏みしめて生きることが肝心と説くのである。

一歩を譲る

同一七　世渡りをするには、先を争うとき人に一歩を譲る心がけを持つことが尊い。この自分から一歩を退くことが、とりもなおさず後に一歩を進める伏線になる。人を遇するには、厳しすぎないよう

に、一分は寛大にする心がけを持つことがよい。この人のためにすることが、実は自分のためになる土台となる。（四〇－四一頁）

自分を後にして他者を先にすることが巡りめぐって結局自分の幸福に繋がるという。「情けは人のためならず」である。『老子』には「聖人は其の身を後にして身先んじ、其の身を外にして身存す」（第七章）とか「民に先んぜんと欲すれば、必ず身を以て之に後る。」（第六十六章）などという言葉があるが、同じことを言っている。たとえ自分には厳しくとも、他人には寛容に振る舞うべきことを言う点では「内剛外柔」という言葉もある。

無事平穏の幸せ

同四九　人生における幸いは、何よりもできごとが少ないことほど幸いなことはないし、災いは、何よりも気が多いことほど災いなことはない。ただ、平生、できごとの多いのに苦労している者だけが、はじめて、無事平穏なのが幸いであることを悟り、また、平素、心を平静にするように心掛けている者だけが、はじめて、気の多いのが災いのもとであることを悟っている。（七二頁）

わが身の不幸は必ずしも外部から降りかかってくるのではなく、自分が作りだしていることもあることを知らねばならないとして、そうならないためには何よりも心の平安がよいという。現代は忙しい。その上、都会生活者はいつもストレスにさらされ続けている。だが著者は、ストレスいっぱいの生活を余儀なくされている者たちこそ実は無事平穏が何にもまして有り難いことに気付くことができるのだといっている。喧噪に満ちた都会を離れて旅行に出た時にしみじみ感じる幸福観は、たとえそれがつかの間であっても得難いものであることを実感するのである。

確かな幸福と儚(はかな)い幸福

同五九　富貴や名誉も、徳望によって得たものは、たとえば自然の野山に咲く花のようで、ひとりでに枝葉が伸び広がり十分に茂ってゆくものである。（これに対して）、事業の功績によって得たものは、たとえば人工の鉢植えや花壇の花のようで、移しかえたり、捨てたりまた植えたりされるものである。もし権力によって得たものであれば、たとえば花瓶に差した切り花のようで、その根がないのだから、しぼむのはたちどころの間である。（八一頁）

富貴や名誉が幸福には無用であると言うのではない。それも幸福の条件に入れてよいであろう。だが、問題はどのようにして手に入れた富貴・名誉かということなのである。著者は、これを第一は「徳」によって、第二は「功績」によって、第三は「権力」によって、の三段階に分けている。陰謀渦巻く権力闘争に勝利してようやく手に入れた富貴や名誉はあっという間に失ってしまいかねないという言葉から直ちに思い起こされるのは、栄華の絶頂から瞬く間に転落していった権力者たちの哀れな末路である。孔子も「不義にして富みかつ貴きは、我に於いては浮き雲の如し」（『論語』述而篇）と言っている。

幸福を得るには災いを遠ざける心がけが必要

同七〇　幸福はこちらから求めて求められるものではない。ただ楽しい気持を養い育てて、幸福を招き寄せる用意をする外はない。災禍はこちらで避けて避けられるものではない。ただ殺気だつ心を取り去って、災禍に遠ざかる工夫をする外はない。（九二頁）

幸福を得ることの難しさはまさにここにある。人は誰しも幸福を望む。だが、現実は幸福を得たいと思ったからといって得られるものではないのである。求めなければ得られず、求めたからといって得られるものでもないとすれば、どうすればいいのか。著者は、まず不幸からできるだけわが身を遠ざける努力をせよという。このためには心を落ち着かせることが肝心という。「幸福を得たい、不幸を避けたい」と思うあまり心の余裕を失ってしまっては元も子もないではないかというのである。

暖かく親切な心が幸福をもたらす

同七二　天地自然の気候が暖かいと万物が生育し、寒いと万物が枯死してしまう。それ故に人間も、心の冷ややかな人は天から受ける幸せも薄い。ただ心の暖かく親切な人だけが、受ける幸せもまた厚く、恩恵もまた久しい。（九四頁）

ここでも、利他の心が強調される。温かな心、親切な心。それは見返りを求めることもなくひたすら他者に向けられた心である。従って、その心自体は自分の幸福とは直接関係ないかも知れない。しかし、そうした暖かさや優しさが、春の暖かい陽気が万物を育むように、いつしか人々の心をはぐくみ育て、やがて大輪の花を咲かせるであろう。それは何と幸福なことかという。

幸福に向かって人生修行

同七四　苦しんだり楽しんだりして、修業を重ね練磨して作り出した幸福であってこそ、その幸福は永続する。また、疑ったり信じたりして、苦心を重ね考えぬいた知識であってこそ、その知識は本物になる。（九五頁）

幸福を得ようとすれば、苦しみを避けてはならない。その苦しみを不幸と捉えるか、それとも幸福に至るまでの修行と捉えるか、それこそまさしく人生の岐路であろう。たしかに人生は楽しいことばかりではない。時には楽しいこともあろうが、決して長続きするものではない。人生は修行だと言われる。なぜ人生は修行なのだろうか。それは人は生きている間に幸福を得たいと願いながら生きているからである。何も求めない、何も考えない、何も感じない人生などあるはずがない。その長い人生修行の果てに手に入れた幸福は長続きするという。そうであろう。充実感、達成感、満足感こそは幸福感そのものだからである。

努力して手に入れる幸福

同九〇　天が我にわが福を薄くするなら、我はわが徳を厚くして対抗しよう。天が我にわが肉体を苦しめるようにしむけるなら、我はわが精神を楽にして補うようにしよう。天が我にわが境遇を行きづまらせるようにしむけるなら。我はわが道をつらぬき通すようにしよう。かくすれば、天といえども、我をどうすることもできないであろう。（一一〇頁）

幸福は神頼みで得られるものではないし、運命として決まっているものでもない。人間の幸不幸は、運命によって予め決まっているのだから、仕方が無いなどと愚痴を言いながら自分に甘えていてはいけないと言っている。何と力強い言葉であろう。「Heaven（God）helps those who help themselves」ということわざがあり、これは「天は自ら助くるものを助く」と訳されているが、まさに幸福とは、どこまでも自分の力で手に入れなければならないものなのである。そうした努力があってこそ運も開けてくる。

心にゆとり

同二〇四　徳の完全な人は、心がのびのびしているので、幸せはあつく喜びは末長く、あらゆるものごとに、のんびりした気だてを表わすものである。（これに反して）、心の卑しい人は、万事にこせこせしているので、幸せもうすく長続きもせず、あらゆるものごとに、せかせかしたようすを示すものである。（二一二頁）

「徳」という言葉はなかなか説明しづらい。その漢字としての由来から考えれば、「徳」は「得」に通じる言葉である。つまり、徳のある人というのは、自分が「得」するのではなく、人を「得」させる人のことである。自分の持っているものを他人に分け与えて徳を施す、あるいは自分の「得」を後回しにしても他人に「得」させることのできる人のことである。こうした徳のある人は、周囲の人々からも好かれ尊敬され大切にされるので、幸福を手に入れようとあくせくせずとも、自ずからに幸福がもたらされると言う。(3)

和やかな心

同二〇六　性質がせっかちで心の粗雑な者は、たとえ一つの物事でも成し遂げることがむずかしい。(これに反し) 心がなごやかで気持が平静な人には、多くの幸いが自然に集まってくる。(二一四頁)

せっかちな者は、あちらこちらと気が散って、一つのことに集中して取り組むことができないので、いつまでたっても充実感や達成感を得ることができず、自分の思い通りに行かないで不満ばかりを持つことになる。その反対にしっかりと目的を持ち、焦らず弛(たゆ)まず、平常心のまま物事に取り組んでいると、充実感が得られ、やがて達成感も得られるようになり、結局自然に幸福な気分を得ることができると言う。

永続する楽しみを得る

後集一二一　権力の強い者に従い、勢力の盛んな者に付くという人生態度のわざわいは、(権勢の座から失脚したとき、当然であるが)、非常に悲惨なものであり、またその報いも非常に早い。(これに反し)、心の安らかさを住み家とし、気楽な生活を守るという人生態度の味わいは、(一時的な濃厚さはないが)、きわめて淡白であり、またその楽しみも最も永続きするものである。(二五二頁)

著者が目指すのは、がむしゃらな立身出世ではない。むしろ淡々と人生を生きることの中に楽しみがあるといっている。だが、こうした心境は誰でも持ちうるというものでもないし、特に青年は自分の将来に対して野心的でなければならない。若いうちからこのようなある種枯れた心境になっては困る。けれども、著者の言うように権力者に諂いおべっかを使って取り入ることが野心的であるということではない。そんなことをすれば、早晩破滅が待っている。そうではなく、二度と無い自分の人生をしっかり噛みしめ味わいながら一歩一歩着実に自分の目標に向かって前進するべきだというように解釈すべきであろう。このようにして得られた幸福感こそが、どんな逆境におかれてもめげないしあきらめないで前を向いて生き続けるエネルギーとなる。

未来を洞察する心を持つ

同九九　病気にかかってから健康のありがたさに気がつき、戦乱になってから平和の幸いなことに思いつくのは、先見の明がある人とは言えない。（これに対し）、幸福を願い求めはするが、まずそれがわざわいの本であることを知っており、また、ぜひ長生きをしたいと願い求めはするが、（不老長寿の仙薬を飲むなどして）、まずそれが死を早める原因にもなることを知っておるのは、本当に卓見を持った人と言える。（三三〇頁）

「病気になって健康のありがたみをしみじみ思った」とか、「戦争になって平和のありがたみを痛感した」ということは確かによく聞く。しかし、著者はそれではいけないという。それでは間に合わないではないかというのである。病気になる前に健康のありがたみをわきまえること、平和の時に平和のありがたみを実感すること、こうであってこそ病気になるまい、戦争はすまいという決意に繋がる、という。確かにそうである、不幸になってから幸福であった時を懐かしんでも手遅れである。未来を洞察する力が無ければ幸福は手に入れられないことをいうこの一節は、われわれにさまざまなことを教えてくれる。悲劇が起きてからでは遅い。その前に十分な手を打っておかなければならないのである。「備えあれば憂いなし」である。だがこの一節はこのことを言おうとするのではない。幸福を性急に求める余り、却って幸福から遠ざかってしまうこと、長生きを求める余り、却って若死にしてしまうことがあることを警告する。人生とは皮肉な一面があるものだ。「禍福は糾える縄の如し」である。「人間万事塞翁が馬」というよく知られた格言は、本当の幸福は目先の幸福を追いかけることの中にはなく、むしろそれに惑わされないところにあることを言っている。

心の持ち方が大切

同一〇九　人生の幸・不幸の境界は、すべて心のはたらきが造り出すものである。されば釈尊も説かれている、「利欲に心が火のように燃えさかると、その境界はさながら焦熱地獄であり、貪欲に心がおぼれ沈むと、その境界はさながら果てしない苦海となる。一念さえ清浄になれば。燃えさかる炎の中も清く涼しい池となり、一念さえ迷いから覚めれば、船は涅槃の彼岸に至る」と。その一念の持ち方が少しでも変わると、その境界はがらりと変わってくる、よく考え慎まねばならない。（三四〇—三四一頁）

利欲の心とはあたかも燃えさかる火のようなものである。よいものもそうでないものも、あたり構わず焼き尽くしてしまう。利欲に目が眩むと冷静ではいられなくなる。あれも欲しいこれも欲しいとなって、心の中から平安が消え失せ、苦しみにのたうつことになってしまうというのである。こうした考え方は、既に見てきたように仏教が教える欲望観に近いものがある。自分に何が必要なのかを見誤ってはならない。本当に必要なものは、心の苦しみではなく幸福のはずである。ところが人は時に自分の欲望を満足させることで幸福になれると勘違いするものだから、かえって苦海に沈んでしまう。

「棚からぼた餅」などないし、当てにしてはいけない

同一二七　身分不相応な幸運や正当な理由のない授かりものなどというものは、天が人を釣り上げる甘い餌であるか、さもなければ人の世の落し穴である。このような場合に、目の付けどころを高くして迷わされないようにしないと、その計略に陥らないことは少なくないのである。（三五七頁）

ここでは、僥倖によって得た幸福はかえって警戒しなければならないと言う。人はそれが僥倖と気がつかず、そのため知らず知らずに慢心が生まれ、努力を怠る。その挙げ句、自分だけは特別な存在だと勘違いして、思いもかけない落とし穴に落ち込んでしまうというのである。自分だけ特別に与えられた幸福などない、天は決してえこひいきしないのである。だから幸福は自分で手に入れるものとわきまえていなければならない。もし周囲の誰かが幸福になったのを見て、それを運がよかったからだと考えてはいけない。むしろ人知れず黙々と努力をした賜（たまもの）と考えなければならない。

ま　と　め

このように、『菜根譚』に述べられる幸福論は特に難しいことをいっているのではないし、作者の独創に満ちているわけでもなく、東洋の古典をひもとくといくらでも見出だせるような幸福論が基調になっていることがわかる。言い換えれば、東洋の伝統的幸福観がこの書の中に要領よく凝縮されているのである。

作者洪自誠は、幸福は遠くにあるのではなく、得ようと思えば容易に得られるほど身近にあると言おうとしている。但し、身近にあるからといって簡単に手に入れられるものではないとも、また幸福を得るには、つまり幸福を実感し味わうには、長い人生修行が求められるとも言っている。

さらに、幸福というゴールは一つだとしても、それに至る道筋はひとごとに違うとも言っている。つまり幸福とは、こうすればこうなるというようなハウツーものをいくら読んでも得られるものではないことを同時に教えてくれているのがこの『菜根譚』なのである。

第九章　日本人の伝統倫理観と武士道

はじめに

日本の伝統倫理の基本をなしている概念は、「恥」・「恩」・「世間」の三つに整理できるとされている。これまでも「恥をわきまえているかどうか」が自他の行動を判断する主要な基準であった。「みっともない」「はしたない」「見苦しい」「体裁が悪い」「不調法」「恰好が悪い」などは皆そのバリエーションである。

同様に、「人に恩義を感じるかどうか」も自他の行動を倫理的に判断する主要な基準であった。実は「親孝行」というのも、中国のそれとは意味が異なり（中国では、祖先崇拝まで含む）、日本の場合は子供が自分を育ててくれた親に対する恩返しを意味する場合が多い。

三つめは「世間」である。日本人が倫理規範に従って行動しようとする場合、自他の関係をすべて「世間」内関係として捉えていたために、日本人の倫理規範は「世間」の中でのみ有効であったと言っても言い過ぎではない。

この三つのキーワードを軸に、本章では「武士道」を、日本人の心理に底流している倫理思想という観点から考察してみたい。

武士道はわが国が生んだ独自の倫理思想であると共に、やがてが儒教や仏教などの影響下に体系化されていったことはよく知られている。例えば、新渡戸稲造の『武士道』はそうした視点から武士道の意義を詳細に論じている。そこで、本章では、この武士道を現代の日本に関連づけて考察していくことにする。

（一）武士道の起源

既に武士道については津田左右吉が、『文学に現はれたる国民思想の研究　二』において次のように述べている[1]。

・彼ら自身の実生活から自然に生まれたもの（一二九頁）
・武士の思想は道学者の説法から生まれたものでもなければ、冷ややかな文字上の知識から来たものではなく、彼らの現実の生活から長い間の体験によつて精錬せられたもの、現実の生活そのものの結晶であり精粋である（五一四頁）
・武士道といふ語が何時から用ゐられてゐたのかは明言しがたいが、遅くとも戦国時代の末ころにはできてゐたらうかと思はれる（五三一頁）

などと言っていることからもわかるように、「武士道」の起源は判然とせず、強いて言えば日本の土着の社会から自然発生してきた思想であり、そうした意味で言えば広く日本の伝統倫理観と無縁ではなく、従って「武士道」を日本の伝統倫理と切り離しては論じることはできない[2]。

武士道と一口に言っても、時代によって変遷してきたことも忘れてはならない。例えば、「武士道というは死ぬことと見つけたり」で知られる山本常朝の『葉隠』は、平和な江戸時代に唱えられた〝江戸武士道〟であり、今最も人々の関心を集めている新渡戸稲造の『武士道』は近代日本が世界に向けて発信した〝明治武士道〟である。とはいえ、津田が、

畢竟、戦闘が彼らに敢為（かんい）の気象と忍耐とを教へ、死を怖れざる勇猛心と死を見ること帰するが如き安心とを与へ、強者に屈せず弱者を侮らず、権勢と利益とに惑はされず、友を愛し人を慈しみ信義を守り礼節を重んずる気風を養はせたのである。（同五二七頁）

と述べているような意味では、大筋で共通していよう。

そこで、まず日本の伝統倫理観をどのようなものとして見ることができるか、整理しておこう。

（二）「恥」「恩」、そして「世間」

「恥」について

日本社会において、人は「恥」をわきまえているかどうか（つまり「恥を知れ」「恥知らず」「恥さらし」などの語）が長いこと自他の行動のよしあしを判断する、つまり倫理的判断を下す際の主要な基準であった。このことは、関連する豊富な語彙から知ることができる。「はじめに」であげた例の他にも「恥の上塗り」「旅の恥はかきすて」「四〇過ぎの恥かきっ子」「恥も外聞もない」などという言葉もあった。古く

ルース・ベネディクトが、日本文化を「恥の文化」として規定したことはよく知られている。例えば、

日本人は罪の重大さよりも恥の重大さに重きを置いている……真の罪の文化が内面的な罪の自覚に基づいて善行を行うのに対して、真の恥の文化は外面的強制力に基づいて善行を行う。恥は他人の批評に対する反応である。……日本人の生活において恥が最高の地位を占めている（同氏著『菊と刀』二五六―二五九頁（長谷川松治訳　社会思想社　一九七二年））。

この指摘には全く異論なく、同意できる。

「恩」について

「恥」と共に、人は「恩」を感じるかどうか（「恩返しする」「恩知らず」）ということも、長い間日本社会において自他の行動を倫理的に判断する際のもう一つの主要な基準であった。

『鶴の恩返し』（鶴が命を救われたことの恩返しをする）『浦島太郎』（亀の恩返し）『かさこ地蔵』（石地蔵の恩返し）などの童話から、日本人は受けた「恩」はいつか必ず返さなければならないことを幼な心に教え込まれてきた。

「世間」について

ところでこれらの「恥」や「恩」といった言葉で語られる倫理意識を一人一人に求めているのが、「世間」という目には見えないが確固として実在する一種の社会環境であった。つまり人がある倫理規範に従って行動しようとする場合、自分と他者の関係を常に「世間」内の関係として捉えていたために、その倫理規範は「世間」の中でのみ有効に機能したと言っても、実はそれほど間違ってはいないのである。[3]

（三）「世間」とは一体何か

「世間様」「世間の目」「世間体が悪い」「世間が許さない」「世間に顔見せできない」「広い世間を狭くする」「世間に申し開きをする」「世間に背を向ける」「世間知らず」「世間の鼻つまみ者」「世間を騒がす」「世間ずれ」「世間話」「世間離れ」などという言葉が、これまで人々の日常会話の中でごく普通に使われていたことからもわかるように、人々は「世間」の中で生き暮らしてきた。つまり、人は、自分が身を置いている「世間」の中で、好むと好まざるとに関わらず、生かし生かされているのだから、その「世間」に背いてはならないと、幼い頃から厳しく教え育てられてきたのである。

それゆえ例えば「悪事をはたらく」といっても、それは神や仏に背くことを直ちに意味するのではなく、まずは「世間」に背くことを意味していた。従って、その報いは天罰でも仏罰でもなく、端的には「世間」からの制裁ということであった。この場合「制裁」とは、これまで「世間」で占めてきた自分の立場を失うこと、換言すれば、仕事や人間関係などこれまで自分が生きていくうえでの最大の拠り所であったもののほとんどすべてを失うことを意味する。その最も苛酷な制裁は「村八分」であった。火事の時と葬式の時以外は、村人は一切関わりを持たないということで、これでは世間から完全に締め出されたに等しい。誰でもそのような事態に直面すれば、極めて絶望的な気分になるであろう。だからそうならないために日常生活において常に自制心がはたらくことになる。こうした自制心こそが強力な規範力の源泉となっているのである。

つまりこういうことである。「悪事をはたらく」ことが法律に違反することはもちろんのことであるが、なによりもそれは「世間が許さないことをしてしまう」ことを意味する。「世間が許さないこと」というのは、「恥知らず」な行為であり「恩知らず」な行為を指す。もし人がそのようなことをすれば「世間体が悪い」し、それが極端な場合は明日から「世間（様）に顔見せできなくなる」し、結局「広い世間を狭くしてしまう」ことになり、自分の（仕事や人間関係における）位置を失ってしまうのである。後から「世間（様）に申し開き」をしても、聞き入れてもらえるかどうかわからないから、最悪の場合は、「世間（様）に背を向けて生きる」か、「世間に隠れて生きる」か、どちらかの選択肢しか残らなくなってしまう。これは最低の生き方であるし、何よりも「世間」にとどまって暮らしている親兄弟にまで迷惑をかけることになるではないか……。

これら「恥」や「恩」の意識は一義的には倫理規範として機能しているのであって、法規範ではない。また、「世間」というものにしても、政治や経済、法律などがシステムとして機能している国家としての「日本」そのものを指すのでもない。しかし、現実の日本人は誰もが多かれ少なかれ国家としての「日本」とは別に、自分の「世間」を持ちその中で暮らしてきたのである。これは例えばやくざとて例外ではない。

国家の「法」よりも、世間の「おきて」がうまく機能していたのである。日本は治安がよいとされてきた理由はまさにここにある。

ところで「世間」とは、簡単に言えば人間社会のことであるはずだが、いわゆる国家社会ではないし、いわゆるパブリックな市民社会でもない。あくまでも血縁や地縁、職縁からなるある種の閉鎖社会（むら）であり、そこに暮らす人々にとっては運命共同体のようなもので、人はその中で生まれ育ち生活し仕事している。つまり人々は「世間」の中で「世間」とともに暮らしているのである。そう考えるところから、誰もが「世間」には「恩」があると感じるようになる、自分がこうして暮らしていけるのは世間様のおかげだと考えるのである。

だから、「世間」に背いて振る舞うことは、とりもなおさず「世間」から受けた「恩」を忘れることである。これはとうてい許されないことであるから、「世間」はそのような者に制裁を課して、そうした行為は省みて深く恥じて、以後再び繰り返さないことを約束させようとする。

だが子供の場合はまだ経験が少なく、そうしたことへの理解も配慮も少ない、つまり「世間」から受けた「恩」も多くはなく、何よりも世間知らずなのだから、大人と同じように扱うべきではなかろうというわけで、大目に見てもらえる。

もっとも大のおとなでも、「旅の恥はかきすて」と言って、自分の属する世間から遠く離れてしまえば、

「恩義」を感じて振る舞う必要はなく、またそれゆえ「恥」をかくことなど何でもないという気楽な気分になる。あの多くの悲劇を生み多数の犠牲者を出した日中戦争において、母国では律儀で穏和で従順なはずの日本人兵士があちこちで中国人に残虐行為を行ったのは、こうした心理がはたらいたからであろうとある中国人研究者は分析している。[4]

逆に「渡る世間に鬼はない」と言う言葉がある。これは日本人が、お互いに顔を知り名前を知り気心が知れてくればそこに仲間意識が生まれ、善意の交際が始まるから、ひどい仕打ちを受けるはずはない、と考えていることによる。日本人は人見知りすると言われる。見知らぬ人にはとても警戒心を持つからである。だが、いったんうち解けると、嘘のように警戒心を解いて無防備になってしまうのも日本人である。だから、海外旅行先で、親切な外国人に出会って嬉しさのあまりすっかり気を許したために、詐欺や盗難に遭うといったことがしばしばあるのは、そうした日本人心理の裏返しの現象であろう。そこに、長年慣れ親しんだ「世間」があると錯覚してしまうのである。これが「日本の常識、世界の非常識」と言われることの真相ではなかろうか。

（四）「恥」の倫理

「はじ」（恥）の対極にある「ほまれ」（名誉）

「ほまれ」（名誉、単に「名（な）」と言われることが多かった）は当然のことであるが功績に対して与えられる。「はじ」が世間の否定的な評価に由来するとすれば、「ほまれ」はその反対に世間の肯定的な評価に由来する。つまり、「ほまれ」は「はじ」の反意語である。人が何にもまして望むのは、「世間が注目する」ことであり、「世間から誉められる」ことである。これがすなわち「ほまれ」である。もっともこうした名誉を喜ぶ心理は日本人に限らず普遍的な欲求であろうから、特筆する必要もないかも知れない。ここでは、武士道とは「はじ」を最も忌み、「ほまれ」を最も求めるところに成り立っている規範意識であるということだけを指摘しておこう。

問題は、名誉をどのようにして得ることができるか、その方法であろう。それは、端的に言ってしまえば、自己のつとめを十分に果たすことによって得ることができると考えられている。つまり「つとめ」という言葉が名誉の意識と深く結びついていると考えられるのである。

例えば、親のつとめ、教師のつとめ、主君のつとめ、家臣のつとめ等々、それぞれの立場（これを「分」という）にあって、その立場にあるものが求められる行為（これを「本分」という）を立派にやり遂げることを、つとめを果たすという。

「つとめ」の「役割を果たす」という意味が強調されて、現在では、ある会社に就職し、そこで仕事をして給料をもらうことの意味としても用いられているが、それは原義から離れている。誰かに雇われているわけでなくても、報酬をもらっているわけでなくても、人はみな自分の「本分」があり、それを果たすことが「つとめる（努める）」ことであり、また「つとめ（務め）」というものなのである。[5]

「恥」は世間との関係に中で感じる心理的負い目

ところで、漢語の「破廉恥」とか「廉恥心」とかはもっぱら普遍的な倫理道徳規範を前提にしていう言葉である。

この「廉恥」という語は、古くは先秦の文献である『管子』牧民篇に見えている。

国に四維有り。……何をか四維と謂う。一に曰く礼。二に曰く義。三に曰く廉。四に曰く恥。礼は節を踰えず。義は自ら進まず。廉は悪を蔽わず。恥は枉に従わず。故に節を踰えざれば、則ち上位安し。自ら進まざれば、則ち民巧詐無し。悪を蔽わざれば則ち行自ら全し。枉に従わざれば、則邪事生ぜず。

とあるように、国家の秩序を保つための基準となる四つの規範（「四維」）のうちの二つを指していて、「礼義」と対をなしている。端的に言えば、国家秩序の維持に直接関係してくる観念である。「廉」であれば「悪」を蔽い隠すことはなく、「恥」であれば「枉」に従うことがない、つまり「廉恥」の心を実践すれば、行動は自ずから善になり、そこに不正は生まれてこないことになるというのである。こうして「廉恥心」とは、秩序を壊すような不正行為・不法行為に走らないという倫理的「歯止め」としての役割をしていると知ることができる。

一方、われわれが「恥ずかしい」と言うとき、これはある種の感情に過ぎないのである。だから倫理道徳に背くことをした場合ばかりでなく、例えば、本来は成功するべきであるのに失敗してしまうとき、或いは、人から期待されていながらそれに応えられないときにも、「恥ずかしい」と感じてしまうのである。そこから、「学生として恥ずかしい」「男として恥ずかしい」「女として恥ずかしい」「親として恥ずかしい」「……として恥ずかしい」などという言葉ができてくるのであろう。これは一言で言えば役割や使命つまり「本分」に背いてしまったので「恥ずかしい」という感情が萌すのである。日本人の場合は、むしろこちらの意味の方が重要である。従って、漢語の廉恥心と異なった意味を持っていると言えよう。

ところで日本人が恥ずかしいと感じるとき、一体誰に対してそう感じるのであろうか。それは、自分が属している「世間」に対して恥ずかしいという感情がはたらくのである。つまりここで「世間体が悪い」という言葉が生きてくる。このことを逆に言えば、もし「世間」を遠く離れたところであれば（例えば、旅先の見知らぬ土地であれば）「恥ずかしい」と思う感情が極めて限定された範囲内に止まるか、或いは全くはたらかなくなってしまうであろう。そうすると多少破廉恥行為をしても構わ
ない（つまり誰もその行為を責め立てない）ということになる。先に述べた「旅の恥はかきすて」のことわざはそれを言ったものに他ならない。もしもこの「恥ずかしい」という感情が普遍的な倫理道徳に関わるものであれば、時と場所は問わないはずで、「かき捨て」とはいかないであろう。

このように考えてくると、「恥ずかしい」とか「恥ずかしくない」とかの感情は、自己の内面に確固とした普遍的な規範意識があって、その意識がそうした感情を発動させているわけではなく、「世間」で共有されている価値観がそうした感情を発動させる基準になっていることがわかる。従って、そうした感情を発動させるためには「世間」と一定の価値観・倫理観を共有していることが前提となる。だからもしそ

うした認識を欠いていたり、あるいはそうした認識を必要としていない場面であれば、たとえ恥ずべき行為をしても、これを「恥ずかしい」とは感じないわけである。

「恥知らず」な行為とは、反倫理的行為のことである場合ももちろんあろうけれども、何よりも一義的には「世間」から受け入れられない行為を意味しているのだということがわかる。だから名誉とは、先にも述べたように、これとは全く逆のこと、つまり、（「世間」において）成功する、（「世間」の）期待に応える、あるいは（「世間」が期待する）役割を十分に果たした時に、「世間」から与えられるものなのである。

（五）武士道的倫理観

武士道といわれるものが、武士階級という狭く限定された集団の中で形成された特殊な倫理道徳観念として考えるよりも、むしろ広く日本人の伝統倫理観から演繹されて、武士というごく少数の支配階級に属する者たちによってさらに独特な意義付けが加わって完成していった規範意識として考えるべきであるとの観点から、以下述べていこう。

武士の一般的心得

当然のことであるが、戦士としての武士には、死をいたずらに恐れることなく、常に勇敢であることが求められた。そこで第一に「死を覚悟して生きよ」(6)ということが言われた。「死」の恐怖を精神の力で克服せよというのである。このために不断の精神鍛錬が課された。第二は、その一環として、喜怒哀楽を表に出さないことが求められた。人前で涙を見せてはいけないとか、歯を出して笑うものではないというのである。第三には謙虚であることが求められ、わたくしごとを人前であれこれ自慢したり吹聴するもので、はないとされた。第四に、日常生活でも常に凶器を携行している武士は何よりも怒りの激情を抑える自制心が求められ、「ならぬ堪忍するが堪忍」ということが言われた。第五に寡黙であることが求められ、本心はむやみに明かすものではないとして、これをはらの中にしまっておくことが大切とされた。第六に、ものごとを好き嫌いや損得から判断すべきでないとして、損得勘定を最も忌んだ。これが後の「義理」の思想に通じるのである。

「はら」の思想

日本語には、元来哺乳動物の内臓のひとつひとつを指し示す単語はなかった。今使われている心・肝・肺・腎・胃・腸等の語は皆漢語から借用したものである。日本語では、これら内臓を総称して「ハラワタ」（或いは「ワタ」）と称していたようである。だから、キモという和語に対応する漢字は「肝」（肝臓）と「胆」（胆嚢）の二種類の漢字が、ハラという和語には、「腹」（内臓をおおい包むところで、物の中央部、「背」の対をなす語）と「肚」（腹と近い意味を持つが、もともと胃袋の意味）いう二種類の漢字が、それぞれ当てられている。

さて、そうした中でとりわけ重要な意味を持って使われるのが「はら」という和語である。これには、ざっと記憶の中からたぐり寄せてみただけでも以下のような用法用例がある。

①「はらを＋（動詞）」（「はら」が目的語の位置にある）
「はらを立てる」「はらを決める」「はらを括る」「はらを据える」「はらを割る」「はらを見せる」「はらを見抜く」「はらを読む」「はらを探る」「はらを切る」等の語。
②「はらが＋（形容詞）」（「はら」が主語の位置にある）
「はらが大きい」「はらが太い（＝太っ腹）」「はらが黒い」「はらが無い」等の語。
③「はらに＋（動詞）」（「はら」が補語の位置にある）
「はらに蔵っておく」「はらに据える」（「はらに据えかねる」と否定詞を伴って用いられることが多い）等の語。
④その他
「はら芸」「はらに一物」「はらわたが煮えくりかえる」等。

以上のように、「はら」は自分の立場、考え方、態度を意味し、「むね」や「あたま」よりももっと人格に深く根ざしたものとされた。武士にとって、生死をかけた戦場で最も求められるのは物事に動じない胆力、死を恐れない度胸、すなわち「はら」であった。「はら」を据えて戦うからこそ、迫り来る敵にも怯むことなく、勇気を揮うことができ、その結果として名誉を手中にすることができるのである。

その意味で武士の切腹は実に興味深い。なぜなら自死の方法としては最も非効率な方法で、腹を切ってもすぐには死ねないからである。このために、切腹の時に、同時に首を切り落とすという「介錯」が行われたわけである。そのように考えると切腹とはある意味で極めて象徴的な自死の儀式なのである。それははらに一物もないこと、決してはらが黒くはないこと、つまり主君に対して異心を抱いていないこと、加えて武士として死に直面していかにいさぎよいかを、決然として腹を切り裂いてみせることで示そうとしたと言われるのである。このために、自分が犯した非行の責任を取るときばかりでなく、主君の非を諫めるときにも切腹が用いられた。この場合も、赤心をもって主君を諫めていることを主君に分かってもらうためなのである。それゆえにこそ、切腹は名誉ある死として武士にしか許されなかった。[7]

義理と人情の狭間での葛藤

「義理」とは、本来は「正義の道理」を意味し、武士として当然なさねばならぬこと、すなわち道義的義務を意味していた。[8]しかし、その「正義の道理」が普遍的な価値としてのそれを意味していたのかどうかということになると、必ずしもそうとは言えず、先にも述べた意味での「世間」、すなわちこの場合は当該の武士が属する「世間」において認められ通用する「正義の道理」であったと考えるべきであろう。

従って、武士は、たとえそれが自分の本心から出たことではないにせよ、「義理」にかなっていれば「意地」でもやり遂げねばならず、それこそが武士の「意気地」であるとされた。それができない者は「意気地なし」と蔑まれることになる。

ただこうした「義理」の観念が、必ずしも本心に基づく判断に由来するものではなく、専ら外部（＝世間）から求められ、時に強制されることであったために、やがて変質してたてまえと言い換えられてその価値が貶められていった。つまり、たてまえですることは、たとえそれが正義や道理に適っていても、自分の意志に依らないので、単なる見栄であり偽善だというわけである。そうして、近代社会の個人主義の風潮と共に、自分の考えを押し殺してたてまえで生きることはすなわち偽善的行為であり、自己疎外的行為であるとして、嫌われ退けられることとなった。

一方、「人情」に従うということは、人としての生まれつきの性情に従って感じたり思ったりすることであり、またその感じや思いのままに行動することである。これは、先に述べた武士の一般的心得に反する行為であり、武士としての修練を十分に積んでいない未熟者がする卑しい行為なのである。そのため「人情」のままに振る舞うことが最も卑しまれ、当然克服されるべき感情としてそれは排除の対象となった。しかし、いつも義理が最優先され人情が卑しまれたわけではない。武士にも情というものがあった。武士も職業戦士である反面、人の子である。親もあれば、子もある、友もあろうし、恋人もあろう。ここに武士の情けということが言われる。「義理」のうえでは許し難い、見過ごし難いことでも、「人情」において忍びないときは、例外的にこれを武士の情けと言って、「人情」のままに振る舞うことが許された。

だがこうした観念は、武士の倫理が衰退するとともにほんねという言葉で言い換えられて肯定的に扱われることとなった。そうして近代社会の個人主義は、ほんねで生きることに価値を置き、そうした生き方こそが素直で自由な生き方であるとして、むしろ積極的に肯定されていった。

このように武士の倫理としての「義理」をたてまえ、「人情」をほんねと言い換えると、過去と現在とでは、「義理」と「人情」の価値観の逆転現象が起きていることがわかる。

過去には、「義理」（＝たてまえ）を捨てて「人情」（＝ほんね）で生きることは、見苦しい・あさましいこと、つまり恥ずべきこととして排斥され、「人情」（＝ほんね）を押し殺して「義理」（＝たてまえ）を前面に押し出して生きることこそが、その本分を全うする生き方とされたのであるから。

「義理がすたれば、この世は闇だ」(『人生劇場』の歌詞の一部)という反省がありはしたものの、結局現代では、「義理」を尊重すること、つまりたてまえで生きることの方が、むしろ息苦しい・堅苦しい生き方として嫌われるようになった。[9]

ここに武士道的倫理規範が疎んじられつつある現実があると言える。

武士道と儒教思想の関係

江戸時代には、「武士の儒者嫌い」ということが言われた。「修己治人」を掲げて中国の古典を『経』と称して尊重し、道理や倫理を説く儒者に対し、自分たち武士は、学問はなく、弁は立たずとも、主君のためには命懸けで戦う勇気のある戦士であることに自尊の念を抱いていたからである。

ところが、やがて武士が武士として活躍できた戦国の時代は終わりを告げ、武士の棟梁、征夷大将軍となった徳川家康が、江戸に幕府を開いて以来、長い長い太平の世を迎えることになる。もはや武士本来の仕事である戦争がなくなってしまったわけである。

武士たちは日本の政治指導者としての社会的責任を自覚するようになる。こうして彼らは、長らく身に佩(お)びていた武器を傍らに置いて静かに学問をするようになった。[10] 武士が一概に儒者を嫌うとも言えなくなり、むしろその優れた思想を積極的に学び、政治に反映させようとするようにもなっていった。武士は、政治と道徳の教えを説く儒学を尊重するのと比例して、為政者としての品位品格を磨くようになっていったのである。例えば、明の遺臣朱舜水を招き藩を挙げて儒学を尊重した水戸徳川の光圀公は、江戸上屋敷の庭園に「後楽園」（為政者たる者、「民に先んじて憂い、民に後れて楽しむ」べきことを言う）と名付けたり、同じく水戸徳川九代藩主斉昭公は水戸に一大庭園を造り三千本の梅の木を植えて、これに「偕楽園」（為政者はいつも民とともに楽しむべきあり、楽しみを独占してはならないことを言う。「偕」とはともにの意味）と名付けて、自己の政治信条をそこに託したことはよく知られている。

「恥」と武士道

武士は、その名誉を得るためならば、普通の人間なら誰でもする損得勘定を捨てて「意地」でも「義理」を押し通さねばならない。そうしてこそ名誉は初めて得られるからであった。だからそのようなときに、名誉を求めず、損得にこだわり、死を前に躊躇する者こそ、武士の「本分」を忘れた者であり、武士の名折れであり、（武士の）体面を汚す恥ずべき者であり、武士の風上にも置けない者として蔑まれたのである。つまり武士にとって大切なのは、利ではなく、「義理」を果たすことによって得られる名誉なのであった。

その意味では、武士道とは恥の文化に支えられた規範意識と言え、そしてそれは同時に、人前で辱めを受けることは、死ぬよりつらいことと意識されたのであり、それゆえ武士にとって最も大切なのは、自分の生命ではなく、あくまでも名誉であり誇りであったことが頷けるのである。その名誉や誇りを損なうことが「恥」そのものだったからである。だがここでも確認しておかなければならないことは、悪を行って罰を受けることが「恥」なのではなく、自分が持っているはずのまた持っていなければならない名誉を失うことが「恥」だったのである。

こうした強烈な「恥」の意識は、広く日本人の倫理観に通底し響き合うのである。

（六）武士の組織論

武士とはそもそも戦場で勝利するための軍隊組織の構成員である。武士道とはその中から生まれた規範、換言すれば戦闘集団の中で求められた特殊な規範（津田左右吉によれば「戦争によって形づくられた変態道徳」[11]）なのである。つまり、家臣は主人の命令には絶対に服従しなければならない。たとえ死が目前にあっても一所懸命に戦わねばならず、決して敵から逃げてはいけない。むしろこうしたときにこそ命懸けで戦うことが、家臣たるもののつとめなのである。主君は、家臣がそうした命懸けのはたらきによって得た手柄に対して莫大な恩賞をもって報いねばならない。このとき恩賞を出し渋ってはいけない。なぜならそれは主君たるもののつとめなのであるから。

望外の恩賞を与えられた家臣は、それに報いるため主君に対し更なる報恩の志を持たねばならない。その意味で恩賞とは単なる報酬を意味しない。一度限りの成功報酬ではないのである。いわば次の手柄に対する手付け金のような意味も持っていたのであろう。

ここにおいて、主従の関係とは恩と報恩の関係であり、近代的な契約関係ではないということの意味が理解できる。これを現代の企業社会の規範意識と比較してみるとどのようなことが言えるであろうか。

近年の日本社会の規範意識の変化

これまで日本の企業においては、①従業員は終身雇用で、社宅を与えられ、年功序列で生活は保障され、②従業員は「企業戦士」として家庭を顧みず、会社に命を捧げ、③たとえいかなる不正であろうと会社に命じられれば無言のうちに引き受け、場合によっては会社に殉じることも已む無しとし、④その結果、日本企業は短期間のうちに世界の優良企業に成長し、数々の成功神話が作られていったことが割合よく知られているであろう。

いまこれを武士の組織論と引き比べてみると、どのようなことが言えるであろうか。ごく大雑把で極めて印象的な見方であるが、①は一所懸命に主君のために働いて勝ち取った「所領安堵」に、②は武士の主君に対するひたすらな「滅私奉公」に、③は武士の間のある種条理を超えた「主従関係」に、④はこのような戦闘集団が機能的かつ合理的に組織された結果日本の政権は武士の手に落ちたわけであるが、まさにこの「武家政権」の成立にそれぞれなぞらえることができないだろうか。以下、個々に述べてみたい。

報恩より報酬——「所領安堵」への反省として

かつてある政党のある派閥が鉄の結束を誇り、党内最大勢力として君臨していたことがあった。派閥内人間関係において伝統的な「恩」と「報恩」の関係が底流にあったことがその強さを支えていたからだと考えられる。彼らの派閥は、いわゆる一族郎党意識に支えられた主従関係が形成されていたらしい。だから主君が黒を白だと言ったとしても、家臣は黙って従わなければならず、それを白ではなく黒だなどと言い張ってはならない、とされていた。更に典型的な例が、企業における雇用側と被雇用側との関係である。終身雇用制の中で、社宅を与えられ、保養施設を提供され、慰安旅行や運動会など会社挙げてのさまざまな余暇活動を楽しんできたサラリーマンとその企業との関係は、一族郎党意識に支えられた一種の主従関係であったと言えよう。つまり家臣（社員）は主君（会社）の命令には、たとえそれが家族と離れて地の果てまで赴任しなければならないといった過酷なものであっても、絶対服従しなければならず、与えられる社宅や給与なども、自己の労働に対する正当な対価・報酬というよりは、「会社は自分のような者を雇い、こんなにたくさんの給料をくれるばかりか、こんなすばらしい住まいまで提供してくれている（＝恩）。だから自分は一生懸命はたらいて、その会社（＝主君）の恩に報いねばならない（＝報恩）」と考えるのである。

日本のサラリーマンが、かつて企業戦士の異名を取ったのは、給料が自分の労働に対する対価・報酬という考え方の背後に、実は本人たちが意識するとしないとに関わらず、会社が自分に与えた「恩賞」という、かつての武士と同じような受け止め方があったと見てよかろう。

「恩」と「報恩」の関係は一見「貸すと返す」の関係に似ている。借りは必ず返さなければならないように、受けた恩も必ず返さなくてはならない（＝恩返し）。しかしいつどのように返すかは本人次第である。もちろん返さなくても違法行為とはならないから、法による制裁は受けない。この点が、借りると返す、つまり債権債務関係との大きな違いである。だが「忘恩」・「恩知らず」の汚名を着せられるのは間違いない。むしろその方が「世間」で生きていくうえでは深刻かもしれない。「恩知らず」の汚名を着せられてしまっては、誰からも信用されず、「世間」から爪弾きにされてしまうからである。「恩」の方も与えるのであって貸すのではないから、返せとは言えない。もしそれを言い出せば、「恩を着せる」「恩を売る」行為として、今度はこちらの方が「世間」から嫌われ、非難されることになる。

それゆえ「恩」は「貸す」ことではないし、「報恩」は「借りを返す」ことでもないのである。つまり、近代民法にはなじまない規範なのである。しかし、近代社会の法規範が定着するにつれ、またその方がわかりやすいし合理的であると感じるにつれ、従来の「恩と報恩」の関係で雇用関係を捉えることが次第に稀薄になりつつある。このことは当然終身雇用制度の見直し、反省につながっていく。以前は、それほど例外的でもなかった親子二代にわたって同じ企業に勤めるなどということが、今では前近代的な習慣として受け入れられにくくなっている[12]。

大切なのは自分――「滅私奉公」への反省として

また武士道では、妻子よりも主君に、孝よりも忠に重きを置く。例えば、武士が「お家の大事」と言ったとき、それは「自家」のではなく「主家」の大事をいう。なによりも主君を最優先する。先君以来受け続けてきた主君の「恩」に命を懸けて報いるためである。そこに「報恩」倫理の徹底が見られる。これは、「親よりも尊きは君」…「親子のよしみは内証、主従の忠義は世間末代」…「親兄弟も主人にはみかえる（心を移す）が身のたしなみ」…「不孝の子とはなつても不忠の人に与（くみ）してはならぬ」…「忠孝の道において忠が最も重い[13]」等と言われてきたことからも知られるように、その絆の強さは、家族の絆よりも遙かに強いものである。「主従は三世、夫婦は二世、親子は一世」という言葉も、そのことをより端的に物語っている。

『忠臣蔵』に対する根強い人気は、まさにそうした家族を犠牲に自分の命を投げうってまでも主君に忠実に生き抜こうとした武士への共感が支えている。しかし近年では、仕事も大切だが、家族の方がもっと大切だという考えが普及するようになってから、今までのように忠臣蔵の主人公らに感情移入することもなく、むしろそうした歴史的事件を醒めた意識で見るようになってきている。これも個人主義の意義が説かれ、「滅私奉公」が見直され、反省されていったことによる意識の変化が反映している。

社会正義の実現――絶対服従への反省として

さて武士道は、『葉隠』において、武士としての道＝主君に仕える道＝「奉公人」の道とされた。そしてそれはあたかも「忍ぶ恋」のごときものでなければならぬとされた[14]。

武士は主君の命令に絶対服従しなければならないから、主君の命とあれば、死なねばならぬこともあり、またそこまで行かなくても組織（藩・国）のためには敢えて不正をはたらくことさえ求められた。主君の命に背けば「裏切り」として、最大の「忘恩」に数えられた。なぜこのような不条理とも言える絶対服従が求められたかといえば、武士集団がかつて軍隊組織として機能してきたことに由来しているからである。戦闘集団にとって、最も重要なのは「勝利する」ことであり、そのために必要なのは組織の一糸乱れぬ規律と秩序であって、必ずしも正義を実現することではないからである。つまり「組織の繁栄」と「組織の防衛」、これこそが武士集団に最も求められたことなのであった。

現在でも、一部の企業は、社会のみならず株主に対してさえもその実情を積極的にディスクローズ（明らかに）しようとせず、また社内に不正があってもこれを隠蔽しようとする体質が拭えず、時に内部告発者があればこれを組織破壊者として悪意に受け止め、異端視する傾向があることも確かである。武家にあって至上命題であった「勝利」が、企業において「利潤」に置き換えられただけと考えれば、それもごく自然な成り行きであったと理解できる。

これらはすべて武士道が戦場の軍隊組織に起源を持ち、かつ現代企業がそうした組織論の影響を今なお引きずっていることの証左であろう。しかしこれも現在では、内部告発者を保護する法律が制定されるなど、もはや一企業の独善は容認されず、社会正義の実現、社会全体の利益追求が何よりも優先されるべきであることが常識になりつつある。コンプライアンス（法令遵守）ということが昨今ようやくやかましく言われるのもこれとは無関係ではあるまい。

日本発世界企業──節倹倹約を当然とする習慣がもたらした果実

武士は団結心・互助意識が強く、仲間同士かばい合うことを「武士は相身互い」といって美徳としてきた。そうして自分だけ利することを「抜け駆け」と称して卑しんできた。そして先にも述べたように、彼らが何よりも惜しむのは富ではなく名誉であったから、日頃の節制と倹約が特に求められた。たとえ不幸にして貧しい境遇に落ちても、金銭にこだわりをみせず、常に恬淡として動じないことが武士の美徳とされた。このことを端的に語っているのが「武士は食わねど高楊枝」という言葉である。ただ、ここからは江戸時代、町人階級が富裕化するとともに、貧窮化した武士階級が痩せ我慢を強いられた姿の滑稽さや哀れさも同時に窺えるのであるが……。

企業が高度成長の波に乗って高収益を上げても、経営者はこれを資本の蓄積に回し、また従業員は消費せず貯蓄に回した一時期があった。これが、資本の蓄積、巨額の投資を可能にし、ひいては急速な企業の発展につながった。このとき、従業員たちは黙々と会社の方針を受け入れ、給料の増額よりも企業の発展の方を選んだ。当時、電機メーカーなどに勤める社員がボーナスに自社製品を支給されたということはよく耳にすることであった。

三河地方の織機工場から身を起こして、今や世界第一の自動車メーカーとなったトヨタこそはまさしくそうした武士道の組織論を巧みに駆使して成功を収めてきた日本企業の代表格ではなかろうか。この成功は、かつて同様に三河の弱小領主から身を起こしてついには天下を平定し江戸に幕府を開いた徳川家康と共通のメンタリティーを持っていると言えよう。

徳川家康が日頃節倹に努めつつ莫大な富を残していったことが後に江戸幕府初期の潤沢な財政を支えたことはよく知られているし、一方のトヨタも「けち」と陰口を言われるほどに生産流通コストをぎりぎりまで削減し、やがてトヨタ銀行と言われるまでに財務基盤を盤石にしていったことも周知のことであろう。

だが、今日では、個人主義的な価値観が優勢を占め、そのうえ現代の資本主義がＧＤＰを最優先し、節約倹約よりも「大量生産、大量消費」をよしとする結果、こうした倹約を美徳とする風潮は薄れ、今では、

「倹約」と「ケチ」が同義語のように見られることもある。

ケニア出身の環境保護活動家であり、ノーベル平和賞受賞者ワンガリ・マータイさんが日本語の「もったいない」という言葉を評価して以来、再びこの言葉が見直されてきているが、つい最近までは「もったいない」などとうっかり言えば、かえってケチくさい人として嫌がられたこともあった。その意味で、日本において美徳とされてきた「倹約」の意義が再評価された動きとして意義深い。

（七）グローバリズムと日本の伝統倫理観

かつて一九八〇年代に、マックス・ウェーバー著『資本主義の精神とプロテスタンティズムの倫理』（神の国、禁欲、勤勉、富の蓄積、投資、生産）になぞらえて、東アジアの急速な経済成長の謎を解くべく、「資本主義の精神と儒教倫理」（勤勉・節倹・現世の幸福・利よりも義を重んじる）ということが言われたことがある[15]。

一九九〇年代までは、すなわちバブル経済が崩壊するまでは、日本の資本主義は、世界基準に照らせば、最も成功した社会主義（結果平等主義、終身雇用制度、低い失業率、小さい貧富の差、手厚い社会保障等）だとされた。

しかしそれ以後は、それが日本の構造的欠陥となって景気を低迷させている最大の原因であるとして指弾を受けたことから、早急にその改革を実現しなければならないとされた。このために登場したのが小泉政権であった。小泉政権は、「構造改革なくして景気回復無し」のスローガンのもと、先に掲げた従来の美点が欠点に変ったとしてその改革を進めたのである。その具体的な方針とは、端的に言えば従来の日本的資本主義をアメリカ流資本主義に変えることであった。

アメリカ流資本主義、すなわち現代の資本主義は、言い古された言い方に従えば、おおよそ以下のような人間観・世界観に支えられているのではないか。

①「人間の本質は欲望にある」という極めてシンプルな人間観を持ち、世界の悪も善もこれに由来すると考える。

②「欲望の解放」を原則としつつ、厳格な市場ルールを作り、これに基づいて監視し、時に必要に応じてコントロールする。

③「弱肉強食」を原則としつつ、敗者には「再チャレンジ」で救済する。

つまり機会の平等は当然のこととして、それ以上に結果の不平等を容認し、少数の勝者と多数の敗者が生まれることを容認するものである。

この結果、わが国はこれまで述べてきたような伝統倫理の歯止めを喪失しつつあるところに加えて、厳格な社会のルールが未成熟のまま、欲望だけがひとり歩きをはじめてしまったために、多くの問題が発生してしまったのである。つまり欲望の解放はとっくに実現したが、それを外部から規制する厳格なルールは今なお未完成のままなのである。もっとも、「義理」よりも「人情」、たてまえよりもほんねを尊重するようになった頃から、その傾向は既に始まっていたと言えるのであるが。

また企業の相次ぐリストラ、ままならぬ中高年の再就職、増え続ける若者のフリーター、正規雇用と非正規雇用間の格差、起業への相変わらず高い敷居。つまり「弱肉強食」は当たり前となったが、「再チャレンジ」で救済する社会システム作りも今なお未完成のままである。

　これには、負けることも「恥」であり、ひとたび戦いに敗れて世間に恥をさらした者は、二度と日の目を見ることができなくても仕方がないと、本人があきらめの心境になったり、或いは世間が本人に対し二度と世間にしゃしゃり出て来てはならぬ、出しゃばってはならぬとばかりに、その機会をほんの少ししか与えないというのがこれまでの通例だったことと関係しているのかも知れない。

　以上のように考えてくると、グローバル化は世界の趨勢であり、これを押しとどめることができないとすれば、われわれはこれまでの伝統倫理観をもう一度再点検するなり、再評価するなりしながら、いわば伝統精神文化の「リストラクチャリング（Restructuring）」、ことばの本来の意味での「再構築」が必要なのではなかろうか。

（八）結びに代えて――「他人に迷惑をかけなければ何をしてもよい」という風潮

　これも言い古されて今さらとなっては目新しくもないが、車内での化粧や飲食、駅ホームや路上でのしゃがみ込み、コンビニの前で座り込んでの飲食やおしゃべり、こういった若者の姿はもはや日常の風景化している。これに大人たちは大いに眉をひそめ、口を揃えて非難したが、結局彼らに面と向かって「やめなさい」とはとても言えないことに気付いた。別に悪いことをしているわけではないからだ。

　そして当の若者たちは、そうした大人たちの非難がましい視線を跳ね返すように、「人に迷惑かけてるわけじゃないからいいだろう」「他人は関係ない、勝手だろう」と主張しているのである。われわれがこうした行為を「見苦しい」とか「みっともない」と考え、「少なくとも自分たちの世代ではこのようなことは恥ずかしくてできなかった」と言ってみても、彼らは全く聞く耳を持たない。何の説得力もないのである。

たしかに、「他人に迷惑をかけてはいけない」という規範は日本伝統のものである。「法を犯してはならない」という以前に、「世間に迷惑をかけてはいけない」、つまりは「恥知らずなことをしてはならない」という規範が根強くあって、これが結局、日本における犯罪行為を少ないものにし、ひいては社会の治安維持に貢献してきたことは既に述べてきた通りである。

ところが戦後アメリカ民主主義の流入により、この伝統的な「世間」意識がその実体を喪失してしまった。今では、「世間」という言葉はあまり使われず、「社会」という言葉がそれに取って代わったかに見える。

ところで「世間」概念と「社会」概念の決定的な相違点は何であろうか。思うに、他者を自分との関係性の中で認識するがどうかということではなかろうか。つまり「世間」とは自己との関係性の中にその実在を感じることのできる社会であり、そこでは自分と「世間」との繋がりを意識することがさほど困難ではない。だが、今日言うところの「社会」では、そうしたことが考慮されず、多数の個人によって構成される集合体と考えられており、しかもその個人と個人との間に何らかの繋がりがあることを意識することが極めて困難な、いわばあかの他人同士からなる集合体ということになっているのである。

だから、今の世のひんしゅくを買う若者たちでさえ、自分との関係性の中に他者を位置づけることができる場合は、言葉遣いにも気を配り、振る舞いは実に礼儀正しく、何よりも彼らに迷惑はかけまい、恥ずかしいことはするまいと、努めるのである。

このように彼らにも「世間」に迷惑をかけてはならないという規範はしっかりあるのである。だが、その一方で自分が属していると実感できる「世間」に属さない場所、つまりあかの他人ばかりの場所では、これまでの日本人がそうであったのと少しも変わらずに、「旅の恥はかきすて」とばかりに振る舞い、そこでは迷惑とか恥ずかしいといった言葉はほとんど意味をなさず、ただ悪いこと、つまりは違法な行為をしなければよいということになってしまうわけである。

つまり、今の日本人は二つの居場所を持っている。自分と他者との繋がりを意識することのできる極めて狭い範囲に限定される「世間」（今では「仲間内」と言った方がふさわしいかもしれない）と、自己の位置すらもはっきりしないほど範囲が極めて広くそのために全く捉えどころのないあかの他人に囲まれた「社会」である。

「別に法律に違反するわけでなければ、自分のやりたいことはやってもいいはずだ。それに他人が干渉する権利はない。たとえ自分のやっていることで他人が迷惑に感じたって、そんなこと自分には関係ない。それは自分がやりたいことであるし、なにしろ法律に違反しているわけではないのだから、誰にもとめられないはずだ」という考え。これは自分が「捉えどころのないあかの他人ばかりでできている社会」に身を置いているという意識から極めて自然に導き出される考えであろう。簡単に言えば、それが、他人からみていかにみっともなく恥ずかしい行為で、つまりどんなに「世間」の常識から考えて恥知らずな行為だとしても、この時の彼の意識の中には「世間」という観念はなく、従ってまた彼の倫理観の中にも備わっているであろう「恥」の意識が作動しないから、「これは自分の勝手だ。あなたには関係ない」「私には自由がある」ということになるのである。このことは、とりもなおさず、重要な意味を持って機能していた「世間」に代わって、頻繁に使われるようになった「社会」という観念からは、あまりにも漠然としたイメージしか思い浮かべることができず、従ってこうした「社会」の中では自分との関係性の中で他者の存在を認識する心理回路がはたらかないのだと言える。

終章　東洋思想の行方

はじめに

本書がテーマとして掲げる「東洋思想」とは、これまで見てきたことから明らかなように、日本人が長い時間をかけて受容消化し、時に応じて創造してきたアジア（インド・中国）に由来する思想の総体を指していることがわかるであろう。

かつてわが国では美しく着飾った花嫁を「三国一（さんごくいち）の花嫁」と称したことがあった。これは、当時の日本人の世界認識の中にあったのは主に中国とインドであったらしく、インドを天竺、中国を震旦と呼んでいた時代に、わが国を加えて「三国（さんごく）」と称することがあったからである。だからわが国と歴史的にいささかも接点のない思想はたとえそれが「アジア」で生まれ育った思想―例えばイスラム思想―であったとしても、それを「東洋思想」とは見なさない。つまり、「東洋思想」という括りは、日本人がアジアに発生した特定の思想を長い歴史の中で受容し咀嚼し消化しようとしたところから生まれた日本人独特の観点から生まれたものなのである。こうした括り方は、わが国が古来周囲を海で囲まれた島国であったことと無関係ではない。あの絶海の孤島にあって独自の進化のプロセスを生きてきたガラパゴス島の生物ように、何もせず黙っていたのでは外からは何も入ってこない。入ってこないどころか、ますます自足自閉してついには「夜郎自大」と言われるような閉鎖社会を生きるはめになってしまう。そうならないために、われわれの先祖は、常に外の世界にいつも関心を向け、外から入ってくる新しい息吹に触れることを願いつづけ、外来の文明や思想を必死にそして貪欲に、また謙虚に学び、これらを自らの血肉としてきた。

「中国」と呼んで世界の中心に自らを位置づけていた中国人には、われわれがいう意味での「東洋思想」という概念はない。例えば、彼らは中国伝統医学を「中医」と呼んで、「東洋医学」とは言わない。これに対して西洋医学を「西医」と呼ぶことによって「中」と「西」を対比している。十九世紀の清朝末期、洋務運動が盛んだった頃には「中体西用」というスローガンが流行ったが、これも自らを「中」と呼び欧米を「西」と呼んでのことである。彼らが「東洋（ひがしのうみ）」と言うときそれは他ならぬ「日本」を意味した。日中戦争のさなか、中国の民衆は日本兵を「東洋鬼子（トンヤングイズ）（東洋の鬼）」と呼んで恐れつつも忌み嫌ったといわれているが、このように中国人が言う「東洋」とわれわれが思い浮かべる「東洋」とは全く意味が違う。

われわれは、これまで長い間、欧米文化を西洋文化と呼び、例えば西洋美術・西洋音楽・西洋哲学、あるいは西洋史などと称して、対するアジアのそれを東洋美術・東洋音楽・東洋哲学、東洋史などと呼んで、あたかも世界には東洋と西洋の二つの文明しか無いかのように扱ってきたが、これは中国も同様で、先の「中医」と「西医」を対比するように、ヨーロッパ由来の思想哲学を「西方哲学」と称し、自らの思想伝統を中国哲学と対置させている。日本など東アジアも含める時は「東方」の語を使うこともある。

つまり本書で扱ってきた「東洋思想」とは極めて日本的な概念であったのである。このことをもう少し詳しく見ていこう。

（一）東洋とは何か

Asia と東洋は同義語か

周知のように、「東洋」と同様な意味を持つ言葉に Orient・Asia・Eastern などがある。しかし本当にそれらは同じ意味なのだろうか。中国語では「東洋」は日本を指し、日本語の意味での「東洋」は、中国語では「東方」であることは既に述べた。だから「東洋史」・「東洋美術」・「東洋思想」・「東洋哲学」などの語はそもそも日本人が使い始めたもので、これらを中国語でいうとすればすべて「東方……」となるわけである。

中村元博士の往年の名著に『東洋人の思惟方法』がある。博士の研究の特色は、インド以東に広く伝播した仏教が、チベット・シナ（中国）・日本など東洋の各地で異なる展開を遂げたことに着目し、各地域に暮らす人々はその地域独特の思惟方法が伝統的に存在するために知らず知らずのうちにその思惟方法に基づいて仏典を解釈し信仰してきたというところにある。そこで明らかになったことは、東洋と言っても一括りにはできないこと、従って東洋思想も一枚岩ではないことであった。

東洋は漢字文化圏と言い替えてもよい

ところでそれとは別に、アジアに生成発展した諸思想を「東洋思潮」というさらに漠然とした概念で括って、イスラム世界をこれに加え、インドのヒンドゥー教・バラモン教・仏教、中国の儒教・道教などとともに、イスラム教・ユダヤ教なども東洋思潮に数え入れられることもある。この場合の「東洋」は特定の地域を「東洋」という概念で括りそこに見られる特色を明らかにしようとするのではなく、単に、ユーラシア大陸における「非西洋」地域をひと括りにして称しているに過ぎない。このようにして示される「東洋思潮」は、単にアジアの思想というだけの意味しか持たず、歴史的に受容され、それ故に日本人の思想形成に大きな役割を果たしてきた「東洋思想」として扱うことはできないのであるから、本書がテーマとする「東洋思想」とは自ずからその意味も違ってくる。

このようなことから、「東洋」の概念を「東アジア」（ないし「北東アジア」）に限定して用いることもある。そうするとそこに浮かび上がってくるのは「漢字文化圏」とか「儒教文化圏」というもうひとつの文化思想概念である。

われわれが「東洋」とか「東洋思想」というときはこれを指して言うことが多い。そうすると、「インドはどうなる、仏教は東洋思想を考える上で極めて重要な分野ではないか」という反論が聞こえてきそうだが、実はわが国が仏教を受容したのはあくまでも漢訳仏典、すなわち漢字を媒体としていたのであって、その意味では、インド発祥の仏教も漢字文化圏に組みこまれた後の仏教だったのである。つまりわが国にとって「東洋思想」とは漢字を媒体として受容した思想全般を指していることになる。その意味で、「東洋思想」と漢字はコインの裏表の関係にあると言ってよい。

「日本文明」という一個の文明単位

かつて、サミュエル・ハンチントン氏は、世界を西欧キリスト教文明、ロシア正教文明、イスラム文明、ヒンズー文明、中華文明、日本文明、中南米ラテン・アメリカ文明の七大文明圏に分類した[(1)]。この分類によって考えるならば、「東洋思想」とは、ヒンズー文明・中華文明の二者を漢字を通して長期にわたって受容したうえで、これらを日本文明の一部として融合し形成した思想であるといってよい。

（二）東西思想を比較する視点

そもそも西洋と東洋という語は極めて非対称的な概念なのである。なぜならユーラシア大陸（旧大陸）を東西に分けて大づかみに理解するために、Eastern と Western、Orient と Occident などと称するのであるが、これらはすべて Western ないし Occident からの視点であった。しかしこうしたこととは全く無関係に「東洋」という語が広く使われるようになったのは江戸時代のことであり、その当時のヨーロッパとの交渉によって生まれたわが国固有の発想によるものであった。つまり「東洋」というのは Eastern や Orient などの訳語ではなく、まして Asia の訳語などではなかったのである。

幕末日本が産み出した「東洋」という文化概念

世界を東西に二分してそれぞれの特色を対比的に理解しようとする発想を持ったのは十九世紀幕末の日本人であったことが、早く津田左右吉によって指摘されている。

……日本では、徳川時代の中ごろからヨオロッパに関する知識が漸次加はって来たにつれて、西洋といふ名が此の極西の地にある諸國の指呼として用ゐられることになり、従ってまたそれが文化的意義を帯びて来た。いはゆる西洋には特殊の文化があると考へられてゐたからであるが、かういふ称呼が用ゐ慣らされると、それに對して東方の文化圏を呼ぶ名称も欲しくなつて来たらしく、そこで東洋といふ語に新しい意義を附してそれを採用し、支那を中心として其の文化を受け入れてゐる地方の称呼として、此の名をあてようとする企てが起つたやうに推測せられる。佐久間象山の詩に「東洋道徳西洋藝、匡廓相依完圏模、大地一周一萬里、還須缺得半隅無」といふのがあるが、それは即ちこのことを語るものではあるまいか。もしさうならば、支那人によつて蕃人の称呼とせられた東洋の名が、幕末の日本人によつて、支那を含むもの、文化的意義に於いてはむしろ支那を主とし中心とするものとせられたのである。……世界の文化國を二大別してそれに東洋と西洋との名をあてはめたものであり、名称の意義が全く変わったのである。勿論この意義の東洋には日本が含まれてゐるので、それは、日本が支那に発生した儒教を受け入れてゐるために、西洋の技巧的文化に對立する意味で、支那と日本とが同じ道徳的文化を有するものと見られたのである。……（「東洋文化・東洋思想・東洋史」全集28巻三六一頁）（傍点は引用者による。以下同じ。）

ここに、幕末から明治にかけて、「西洋」の対抗軸として「東洋」と言う語が用いられ始めたことがわかるのだが、なぜ「日本」と言わずに「東洋」と言ったのかについて、津田は、時の日本人の心理として次のような心情があったからではなかったかと推測する。

……幕末時代の日本の思想家が、西洋の文化に對立するものを日本みづからのみには求めかね、彼等が尊重してゐたシナの文物、特に儒教、を味方とし、むしろそれに依頼しようとしたところから生じたものである、といつても甚しき過言ではあるまい。少くとも、西洋に對抗するに当たつては、日本としてよりもいはゆる東洋としての方が心強かつたのである。（「シナ思想と日本」全集20巻二七三頁）

このように見てくると、「東洋」とはいわゆる「東洋」の国々が共有している地理概念ではなく、幕末の日本人が、「われわれはいわゆる西洋文明とは隔絶する地域に生き、彼らとは異なる文化を持つものの、しかしそれは断じて西洋に引けを取るものではない」との気概を込めて、独自に考案したある種の思想文化概念であったことがわかる。従って、津田左右吉が、

日本人によつて唱へ出された東洋文化といふ称呼が、シナ人やインド人にとつて何の意味も無いものであることは、いふまでもあるまい。彼等のうちにはシナ文化もしくはインド文化の獨自性乃至優越性を主張するものがあるでもあらう。しかしシナと日本とを、もしくはインドと日本とを、或はそれらのすべてを、包括する意義に於いての東洋といふものを想定し、さうしてその東洋の文化といふも

のを保持しまたは形成しようといふやうなことは、恐らくは彼等の夢にも考へないところであらう。

（同）

と言うのも十分頷ける。

大隈重信の「東洋」観

ところがわが国においては、その後も折に触れて「東洋」という語は、これに強い思い入れを持つ人々によって愛用され、世界の文明・文化を問題を論じる際には必ず東西の視点を持って論じられた。例えば、大正一一（一九二二）年に刊行された大隈重信著『東西文明の調和』[2]（早稲田大学出版部復刻版　一九九一、原版：早稲田大学出版部　一九二二）は、その序論において日本の歩むべき方向として「東西文明の調和」を掲げて次のようなことを言っている。

東洋にはおのづから東洋の特徴あり。西洋にも亦同じく西洋の特徴あり、其の文明が孰れもそれぞれの特徴乃至長短を備へたものであるは云ふ迄もない。併し乍ら世界の大勢は今日最早東西文明の孤立又は東西思想の獨存を許さず、彼我の交通接触益々頻繁親密を極めて、東西文明の統一又は調和は期せずして将に必然的に行はれんとして居る。……されど、翻つて其の所謂東洋文明とは何ぞ、又西洋文明とは何ぞと問ふ時、何人か果して能く精確に此に解答し得る者ぞ。……此等は吾人に取つて最も

重要な疑問で、而も今日に至るまで未だ十分明確にされない問題である。（一―二頁）

このように大隈が言う時、世界はやはり東西二分法で認識される。ただ、何をもって東洋文明とし西洋文明とするかがなお明確ではない、という問題意識が同時に示されている点が興味深い。そうして、

広く東洋思想といへば、支那思想を初め、印度の宗教思想乃至古代小アジヤの文明までも含まれるわけであるが、此處では其の範囲を狭め、殊に本邦に直接な影響ある支那思想だけを取つて研究することを眼目とする。（同九頁）

と、いささか矛盾したことを言っているのであるが、この場合の「東洋」が、これまでの東洋観と同様、日本を軸としてそれに関連する地域に限定していることだけは間違いない。

（三）東洋思想と日本

岡倉天心にとっての「東洋」は日本そのものであった。

岡倉天心（一八六三―一九六三）は、日本こそはインドや中国に源流を持つ東洋の理想の火を絶やすことなく燃やし続けてきたのであり、日本人は、このことに自覚と誇りを持って、これからの世界に貢献すべきであるとして次のように言う。

祖先伝来の観念と本能とを守った島国的孤立などが、日本を、アジアの思想と文化を託す真の貯蔵庫たらしめた。王朝の覆滅、韃靼騎兵の侵入、激昂した暴民の殺戮蹂躙――これらすべてのものが何回となく全土を襲い、中国には、その文献と廃墟の他に、唐代帝王たちの栄華や、宋代社会の典雅を偲ぶべき何らの標識も残されてはいないのである。……インド芸術の崇高な成果も、匈奴の粗暴な取り扱いや、回教徒の狂信的偶像破壊や、金銭づくのヨーロッパの無意識的な芸術破壊行為によって、ほとんど抹殺されてしまい、……アジア文化の歴史的な富を、その秘蔵の標本によって、一貫して研究できるのは、ひとり日本においてのみである。……日本はアジア文明の博物館となっている。(3)

つまりは、かつて日本に理想の火を届けた印度や中国には、もはや火が消えて見るべき何ものも残っていないと言う。天心はアジアと東洋とを使い分けているが、ただアジアという時それは地理的な意味しかなく、日本との関係性の中で把握されていない。ところが「東洋」と言う時、それは単なる地理上の概念ではなく、「日本」を軸として語られるべき文化的概念なのである。従って、以下のように述べる時、彼の胸中にあるのは、日本こそ東洋を唯一代表し得るとの確固たる自負である。

日本を改造し、また、日本をして、東洋世界のかくも多くを打ち倒した嵐（引用者注：いわゆるWestern Impact）を無事に切り抜けることを得させたものは、小規模ながらこれ（引用者注：この文章の前に引かれる、金剛菩薩が、仏陀から「あなたが求める輝かしい姿とは他ならぬあなた自身の中にある」と言われたときに、すべての苦悩が吹き払われて大悟したとされる逸話を踏まえている）と同じ自己認識であった。そして、アジアを再び往昔の確固不動の力強さとに築き上げるものは、この同じ自覚の再生でなければならない。……その過去は、水晶の数珠のごとく、明澄かつ連綿として続いていた。この国の運命が、インドの理想と中国の倫理とを大和の天才によって受け取り精錬するものとして、始めて授けられた飛鳥時代の昔から、……すべての段階を通じて、この国の進展は、一個の人格のそれのごとく、明澄にして混乱なきものである。……しかし、今日は、大量の西洋思想がわれわれを混迷させている。……われわれはわれわれの歴史の中にわれわれの未来の秘密がかくされていることを本能的に知っており、われわれは盲目のはげしさをもってその糸口を見出そうとしてまさぐっている。(4)

津田左右吉は印度と中国の違いを論じて「東洋」はないと結論した

このような、「東洋」観は明治期から大正期にかけて広く日本人に共有されていた。その結果、東洋思想を構成する要素であったはずの印度や中国についての理解がいよいよ客観性を欠くこととなってしまったとして、鋭い批判を加えたのが先に引いた津田左右吉であった。

津田は、「インド文化とシナ文化とを総括して東洋文化といふ一つの称呼のうちに包含させることは、全く無意味」として、インド思想と中国思想の差異を次のように概説している。(5)

↓印：すべてが宗教から発達し、宗教に従属する。（宗教中心）

中：政治に始まり政治に終わる。（政治中心）
↓印：解脱への欲求。（現世否定）
中：あるがままの人生を肯定し享受し、更に無限に延長を願う。（現世肯定）
↓印：人生と万有とを究竟の実在としない。（唯心的）
中：天地万物全てをそのまま実在とみる。（唯物的）
↓印：思索は宗教的形而上学的問題に集中する。（瞑想的）
中：現実の生活における人と人との関係を離れない。（実利的）
↓印：空想的でありその空想が奔逸である。（空想的）
中：現実的であり目前の事物に始終する。（現実的）
↓印：神話があり叙事詩があって、神話が発達せず叙事詩が無い。（神話の発達）
中：年代記があつて、年代記が無い。（歴史の発達）
↓印：強烈な官能の匂いのある文芸作品。（官能的文藝）
中：禁欲的な儒教倫理。（禁欲的教理）

このように、両者はその特色を取り出していくと対蹠的であるにもかかわらず、無自覚無反省にインドと中国を一緒くたにして東洋思想といって顧みないことへの厳しい批判である。しかしそのような津田の批判をよそに、以後も「東洋」の語は東アジアやそれに含まれる日本の伝統的思想の特色を言い表す際の便利な用語として引き続き使われることとなる。

そこでそうした意味で「東洋」の語を用いて、日本を始めとするアジアの伝統思想を論じている諸家の説を紹介してみたい。

（四）東洋思想の価値

ある仏教研究者の東洋観

中村元は、「東洋哲学の合理主義的性格」として、

東洋の合理主義哲学といいますと、奇異な感じを抱かれるかも知れませんが、実は東洋には昔から道理について考え、行動するという考え方が支配的でした。……シュヴァイツァーは次のように言っています。……「東洋の論理的宗教に比較すれば、イエスの福音は非論理的である。」（『キリスト教と諸の世界宗教』）……合理主義の哲学者たちが東洋に目を向けたことは古くから見られます。……ヴォルテールは、ことに中国の思想から深く感銘をうけました。かれはこういっています。「この賢者こそ孔子であり、彼は古代の律（原文は「立」）法者中ただ一人決して人間を騙そうとしなかったのだ。」（『哲学事典』）……数の観念に関しては、インド人の合理的なものの考え方はおどろくべきものがあります。零（ゼロ）の観念は、もともとインド人が考えたことです。零のことをサンスクリット語で「シューニヤ」（sūnya）といい、これが仏教哲学に取り入れられ、空（くう）の哲学となりました。空と零とは同じ

「シューニヤ」という語で表現します。そしてインド人の数字がのちに西へ伝えられ、アラビア人を経由して西洋に入りました。今日アラビア数字とよばれていますが、もとはインド人が考え出したインド数字です。……インド人の合理的思惟は、われわれの文化の中にも伝えられて生きています。その顕著な一つの例は、五十音図です。インドの文字の配列順に基づいてインド人が考えた字母表によって日本の学僧がつくったものです。[6]

中村は、ここで、印度や中国の宗教・思想が西洋に比してその論理性においても合理性においてもどれほど高度であったかを西洋の学者の口を借りて述べているのである。これは近代化（Modernization）が西洋に始まったという歴史的現実を前に、東洋思想は直感的・総合的であったために近代科学が生まれなかったのに対して、西洋思想は理知的・分析的であるために近代思想、とりわけ科学技術が発展し得たのだという一種ステレオタイプな観念が人々の中に定着していることへのいらだちであり、反論であった。さらに、西洋を代表するキリスト教が「愛」を教義の中心としていることに対しても、東洋とても決して「愛」を教理に立てていないわけではなく、むしろキリスト教同様に「愛」を教理の中心に置いているとして、

人間にとって最も大切なものは人間のうちにあるという認識にもとづくと、人間の内なる心を清める、純粋な信仰を持つことが強調されました。それが具体的に現れると、愛を重んずる慈愛のおこないを

尊ぶことになります。……特に特徴的なのはラーマクリシュナ（一八三六―一八八六）の宗教です。……多くの国ではあたかも東洋思想を代表するかのごとくに見なされています。[7]

と言うのであるが、このように見てくると、中村は幕末の知識人同様に東洋は決して西洋に劣るものではないことを言おうとしているのがわかる。ただし、「東洋」概念を一括りにして論じることをせず、その中でも印度は印度、中国は中国それぞれの特色を備えているというように一応は区別して論じていたことがわかる。

ある密教学者の東洋観

松長有慶は、それとは少し異なり、僧侶であると共に仏教学者としての立場から、印度・中国の両方にまたがる仏教教理それ自体に東洋思想の典型を見ているようである。かれはその仏教教理、なかんずく密教の教理の中にある「宇宙一元論」的世界観こそが東洋思想を特色付けているとして、

東洋の思想において、「おのれ」を知るということは、自我の意識を鮮明にすることではなく、自と他を含めた全体の中にある「おのれ」を知るということを意味している。……おのれを中心として世界は展開していると考えるのは、ちっぽけな自我である。密教ではこのちっぽけな自我に対する執着を倒錯と見なし、それを徹底的に打ち破ることがまず必要だという。[8]

「我思う、故に我あり」というデカルトの言葉の中に西洋近代思想の原点を読み取り、その上で、東洋はむしろそうした観念を「ちっぽけな自我に対する執着」に過ぎないとして打ち破ることを主張しているという。それゆえに、

近代の科学思想が、ものごとを細分化し、それぞれを独立の存在と見なすのに対し、東洋の思想は、主客の一体化、物心の一如、時空の一元的な把握など特色ある考え方を基調としている。(9)

と、仏教こそ東洋思想の精髄であるとして、これを西洋の近代科学思想と対峙させて、西洋と東洋の思想とは正反対であると言う結論が導かれる。

従来さほど注目されなかった東洋思想に対して人びとの関心が次第に集まるようになった。東洋の思想の中でも、とりわけ密教は、その特色を濃厚に持ち合わせていると見られる。……まず密教の持つ全体的な思考法を取り上げよう。近代思想は自我を中心として、自と他を明確に区別するところから出発した。……しかし最近の人文科学や自然科学の研究の成果によると、他者から完全に切り離されて自己は存在しないし、物質と精神を全く別個の存在と見なすことは困難となった。また人間は動植物や自然界を支配し、それらを隷属化させる権利を持つものではなく、それらの間には相互に関連し、

補完し合う共存の関係を、想定せざるをえなくなってきた[10]。

と、自然環境破壊など目に見えての近代科学の「行き詰まり」によって、人々の中に改めて東洋思想に対する関心が掻き立てられつつあるという。例えば、「山川草木悉有仏性」という仏教の伝統的な考え方が再び自然保護運動との関連の中で再評価されつつあるとも言っている。彼は、仏教こそが東洋を代表する思想であると考えていたことがわかる。

ある西洋哲学研究者の東洋観

倉沢行洋は、西洋思想の特色が人間中心主義（ヒューマニズム）にあるのに対して、東洋は自然中心主義（ナチュラリズム）にあるとして、

要するに、東洋的世界観においては、人間を含めて万物は一つだ、しかも生きた一つだ、ということ……人間が万物の上に君臨し、万物を支配し、万物を利用するという西洋的な立場とは、非常に違っている。そういう東洋的立場を……ナチュラリズム naturalism と呼んでおこう……自然中心主義とか自然本位主義とかいってもいいでしょう。西洋的な、ヒューマニズム・人間主義の世界観に対する東洋的な、ナチュラリズム・自然主義の世界観というわけです。……西洋の人間本位・人間中心の立場に対して自然本位の立場です。……この場合の自然は、……人を含めた自然です[11]。

倉沢は、長年西洋哲学を研究してきた学究であるが、次第に西洋的な価値観に疑念を持ち、いわゆる東洋の伝統思想に回帰すべきと言う一方、「東洋」思想が直面する現代の混迷に対してどれほどの貢献ができるかは未知の部分も少なくないとして、次のように言う。

最後に残りますのは、東洋的世界観は、現代において、また将来において、どのような意義を持つか、持ち得るか、という大問題です。東洋的世界観は新しい時代の原理を探求する上で、どのように役立つのか[12]……

ま と め

東洋では、印度にせよ中国にせよ、さらには日本にせよ、優れた思想的伝統があったにも関わらず近代科学技術を生み出すことができなかったのは確かな事実である。そしてその理由も、それぞれにおいて異なるというのではなく、むしろ三者を東洋思想という括りの中で見てきたことからもわかるように、共通していたというべきである。またそれ故に、現代が直面しつつある文明の危機は、まさに西洋近代がもたらした危機であるから、これと対極にある東洋の伝統思想はこの危機を克服するうえでなんらかの示唆を与えうるというのもあながち的外れではあるまい。

そこでひとまず次のように言うことができるのではないか。つまり、かつて佐久間象山が唱えた「東洋道徳西洋藝」を全くの根拠のない俗論として退けてしまうのではなく、彼の言う「東洋道徳」を、仏教や儒教が代表するように人間の内面、すなわち「心と体」のメカニズムの究明は早くからなされてきたというように解することにしたらどうであろう。もちろん西洋でそうした「心と体」のメカニズムの解明がなされなかったというのではないが、東洋はその方面では全く西洋に引けを取るどころか、むしろ東洋の真骨頂はそこにこそあると言おうとするものと解するのである。一方「西洋藝」とは、とりわけ近世のルネサンス以来、科学文明の発達によってもたらされたさまざまな諸技術を指している。今これをテクノロジーと呼ぶことにする。そして近代社会が導入した政治・経済・法律・通商などのさまざまな諸制度、これをシステムと呼ぶことにする。つまり、一言で言えば「藝」とは「テクノロジーとシステム」と言い換えることができよう。

　幸い、東洋には長い伝統を持った身体に関する思想がある。これによってわれわれは自身の身体を鍛えることの重要性を知っている。また、身体の健康が心の健康と一体であること、従ってこれらを別々に扱うべきでは無いことも知っている。すなわちこれが心身一元論である。体を自分の意志で動かすように、心も自分の意志で動かせるようにしなければならない。第一章で紹介したように「心こそ　心惑わす　心なれ　心に心　心許すな」がその極意を語っている。ただしそのためには不断の心身の鍛錬が欠かせないことも、東洋の身体論は教えている。その一方で、社会システムを時代のニーズに合わせて変えていけばよい、心や体の問題も医療技術の応用で対処すればよいというだけでは済まされないことも実感しつつある。

また東洋思想には長い間培ってきた学問と教育の思想がある。人間は、常に学ばなければならないし、学び続けなければならない。もちろん自分の頭を使って考えることも必要だが、まず何よりも他者から、先人から、学ぶことが欠かせない。まなぶとは、まねぶである。深く広く学ぶことによって、われわれははじめて深く広く考えることができる。コンピュータの発達によって、われわれは居ながらにして世界の情報にアクセスできる。ということは、知識の宝庫を二十四時間傍らに置き、随時そこから必要な知識や情報を取り出すことができるわけだが、そのために学ぶ必要が無くなったわけではないし、知識を蓄える必要が無くなったわけでもない。われわれの知とは、さまざまな知識や情報を自在に組み合わせて、そこに新しい気付きを加えることによって得られるものだからである。知が自分にとってかけがえのないものであるためには、言い換えれば、自分ならではの独創を可能にするためには、知識や情報そのものがあらかじめ適切に選別され脳にインプットされていなければならないであろうし、そうした知識や情報が知らず知らずのうちに醗酵して、ある日それが見事なアイデアとして実を結ぶこともある。とすれば、知識も情報もあらかじめ貯えられていなければならない。それを「詰め込み式暗記」と言って馬鹿にしてはならないし、何もかもコンピュータ任せにしてはならないのである。それこそが貴重な学びである。こうした学びを着実に進めていった結果、人は少しずつ成長し、独創的な発想を可能にする地平に立つことができることとなる。

ところで人間の心にとって、最もやっかいなものが欲望である。東洋思想は、欲望についても深い洞察を示してきた。心の中の欲望こそが、テクノロジーとシステムを生み出す他ならぬ原動力であったことは動かしがたい事実であり、まさしく人間の文明の歴史は欲望と共にあった。欲望が人の心と体をあらゆる方向に駆り立てる。欲望を持たない者などいない。そこで問題になったのは人は自らの欲望とどのように向き合えばよいのかということであった。仏教は欲望について最も長い間真正面から向き合ってきた。そこには、これからの欲望のあり方を考える上でのヒントが隠されているであろう。

また東洋思想には、人と自然の関わり方に関する深い洞察も見られた。自然を対象化して、これを意のままに改変しようとするのではなく、むしろ自然を人との共存関係の中に位置づけていた。そこには、自然に生かされている人間という認識が濃厚にあった。近現代文明がさまざまな点で綻びを見せている中で、その綻びの最たるものは人と自然の関わり方においてであることにもはや誰も異論はあるまい。確かに人間の叡智はすばらしいものだけれども、今やその叡智が地球の未来を危うくしてしまったのではないかとの認識が、洋の東西を問わず世界中で共有されつつある。そこから新たな人と自然の関わり方が模索されてくるのだが、「心と体」のメカニズムの解明を得意としてきた東洋思想は、その解決への糸口を与える責任と能力があるであろう。だが既存の東洋思想だけでその難問を解決することは難しい。やはり、人を取り巻く自然環境に専ら対処してきた近現代文明としてのテクノロジーと協同して新たな処方箋を提供せねばなるまい。それなくしては人類の未来も無いであろう。

また幸福は、誰しもが望むものだが、意外に難しいのがそれを手に入れる方法であった。人の欲望が幸福を見えにくくさせているからである。幸福だと思っても、直後に湧き起こってくる欲望がその幸福を台無しにしてしまうこともある。「もっと、もっと……」というエンドレスの欲望である。このように幸福についての考え方も一筋縄ではいかない。人は何を幸福というのか。人は幸福を得るために何をすればよいのか戸惑っている。実のところ、第四・五章で述べたように、人はむやみに目先の欲望に囚われすぎている。一度欲望から自由になることが必要であろう。そうしてその時に自分の幸福が見えてくるのではないか。東洋の伝統思想はそのように教えている。

平均寿命が延びること、それ自体は極めて好ましいこととされている。古来、幸福の三条件は「福禄寿」であったことからもわかるように、長生きは幸福の条件の一つである。しかし、昨今これを手放しで喜んではいられなくなった。それに付随するさまざまな社会問題が取りざたされ始めたのである。すなわち、少子化と連動しての高齢化は、年金や医療費を圧迫し、健全な社会の発展を阻害する要因になりつつあるという。このために人は七〇歳まで働くことが求められ、またそのために伸ばすべきは平均寿命ではなく、健康寿命であると言われるようになった。しかし健康寿命というのも体の健康寿命だけでは十分ではあるまい。心の健康寿命も忘れてはならない。高齢者が心に生き甲斐を感じてこそ体の健康が得られるのだとしたら、年金や医療制度といった社会システムを整備するだけでは不充分であろう。当然これは幸福論とも直結してくる問題である。従って、心と体のメカニズムについての正しい理解に基づいて対処されなければならないであろう。第四章・五章で取り上げた幸福論ばかりでなく、第一章で取り上げた身体論も参考になるであろう。

また、昨今流行の「断捨離」も考えてみれば古くからある思想なのである。例えば、第六章で紹介した『武道初心集』が「欲しき惜しきのむさき意地合いもさのみさし出でざる」と言うとき、「欲しき」の思いを断ち切り、「惜しき」の思いを捨て去るべきことを言うのであるし、「死を常に心にあつるを以て」生きるのであれば、人の世を離れることの覚悟が既にできていなければならぬと教えているのである。武士は、この思いを常に胸に抱いていればこそ、潔く生きることができるとしたのである。これこそまさしく「断捨離」の原点とも言うべき思想であろう。既に、武士の生き方の手本とされていたこうした潔い生き方を、われわれも改めて見直すべきであろう。

また例えば臓器移植やさまざまな延命治療が可能になってきた現在、これまで以上に「生」と「死」が改めて考えられなければならなくなってきた。例えば、現在の医療技術は、意識の有無とは無関係に、その肉体を生かし続けることもできれば、その反面、心臓が動いていても意識が無ければ、すなわち脳の活動が認められなければ、これを「死」（脳死）と判定して、死体として扱うことが許されている。こうした現代の「生」と「死」を取り巻く状況は、第六章で紹介したような死生観が予定していなかった事態に相違ないが、新たな応用問題として取り組むことは可能なはずである。

以上をとりまとめて言えば、今われわれに求められているのは、命によって支えられている心と体とのように向き合えばよいのか、そしてこれをどのように扱えばいいのか、それを確かなものとするためのしっかりした思想の再認識作業ではあるまいか。それを東洋の伝統思想に求めるのである。

そうした再認識作業を通じて気付くのは、心を鍛錬し、体を鍛練するという意味での「鍛錬する思想」の再確立であろう。この鍛練とは、かつての武術家がそうであったように単に強くなるため技術を磨くだけの鍛錬ではない、人生を強く生き抜くための鍛錬である。第一章の身体論はそうしたことをわれわれに教えている。つまり、われわれの心や体を、現代の進化したテクノロジーやシステムによって補助してもらって楽をしていてはだめなのである。それは決して真の意味での幸福をもたらさない。われわれは自分自身の心と体にしっかりと向き合い、心を鍛え体を鍛えなければならないのである。人としての自立や自信もそのようにして養われるのであろう。『易』に「天行健なり。君子は自彊して息まず（天のはたらきは健やかである。君子は自ら努めて怠ることがない）」とあるのはそうした意味である。

以上見てきたように、現在において求められるのは東洋思想の再構築もそうだが、それ以上にこれまでの伝統的東洋思想の再評価であろう。これで十分新しい時代に向き合えるのである。つまり、先人の叡智の結晶としての東洋思想は、今も変わらぬ価値を持ち、輝きを失うことがない。このように考えていくと、東洋思想は西洋思想と矛盾排他関係にあるというのでも、或いは西洋思想と比較対照することによって初めてその真価が分かるというのでもなく、伝統的東洋思想それ自体として現代にも通じる価値をなお十分に持ち得ていることを知るのである。

注

序章

（1）日本の自殺者数は、一九九八年から二〇一二年まで統計上三万人を超え続けたが、二〇一三年にようやく三万人以下になった。日本の自殺率はロシアに次いで世界第二位だそうである。http://www.lifelink.or.jp/hp/statistics.html 参照。

第一章

（1）甲野善紀著『古武術に学ぶ身体操法』（岩波アクティブ新書63　二〇〇三）参照。
（2）『史記』秦始皇本紀に見える。
（3）金谷治訳注『荘子』第二冊（岩波文庫一九七五）二二〇〜二二二頁より。
（4）本田斉訳『抱朴子』「解説」（平凡社中国古典文学大系8　一九六九）五五二頁より。
（5）一九〇六―二〇〇二、運動生理学者、東洋医学との接点を求め、座禅の生理学的研究などを行った。
（6）貝原益軒著・杉靖三郎編『養生訓』（徳間書店　一九六八）「はしがき」より。
（7）甲野善紀前掲書一九頁より。
（8）同一二三頁より。

（9）同一七七～一七八頁より。
（10）鎌田茂雄訳注『五輪書』（講談社学術文庫　一九八六）九三頁より。
（11）魚住孝至著『宮本武蔵――「兵法の道」を生きる』（岩波新書　二〇〇八）一四二頁より。
（12）内田樹・成瀬雅春著『身体で考える』（マキノ出版　二〇一一）一三九頁より。
（13）陽進著『太極拳経解釈　至虚への道』（二玄社　二〇〇九）六一～六二頁より。
（14）笠尾楊柳著『太極拳に学ぶ身体操作の知恵』（ＢＡＢジャパン　二〇〇九）四頁より。
（15）同一七頁より。
（16）同二三～二八頁より。
（17）松長有慶著『密教』（岩波新書　一九九一）九三～九五頁より。
（18）中村元著『東洋のこころ』（講談社学術文庫　二〇〇五）二〇〇～二〇二頁より。

第二章

（1）「仁」とは愛、思いやりのことで、儒教では、人間関係において心の持ち方としても行動規範としても最も重要とされた。
（2）大隅前掲書一八九～一九四頁より。
（3）この頃の中国大陸は、まだ文化大革命が終息したばかりで世界経済から大きく取り残されておりほとんど人々の関心を引くことはなかった。

（4）以上の他、「教育が政治的であつたとは、……古代支那教育其のものが……実際的であり実用的であつたことを意味する」（三六五頁）、「古代教育は、……実際的に道徳的に修身、治国を目的とした」（同）、「支那教育の精神は最初から政治的若くは実際的であつた」（同）、「支那に於いて教育が如何に政治的であり、又政治が如何に教育的であつたかは、教育事業が政治の最も重要な部分に考へられ、又古から国の力によつて施設が図られたことによつて明白」（同）、「教育が著しく公共的であつた」（三六六頁）、「教育事業が如何に公共的国家的であつたか」（同）、「君主その人が……教育者」（三六七頁）、「堯舜禹湯文武は直に教育家の典型」（同）、「詩書礼楽は要するに政治の目的と同じく、……道徳教育であり、……家族制度に基づいた実際道徳が支那教育の根本内容」（三七三頁）、「己を修め人を治める事は政治の眼目でもあり、又同時に教育の目的」（三七四頁）など、枚挙にいとまがない。

（5）孔子　紀元前五五二―四七九。中国古代の思想家。儒家思想を代表する。孔子の言行を後に弟子がまとめた『論語』がある。

（6）荀子　生没年不詳。中国古代の思想家。儒家。孔子よりも凡そ一五〇年後れる。社会秩序の維持と富国を主張し、礼と法を重視した。

（7）長谷部英一「中国における胎教の思想」（『技術マネジメント研究』4号　三七～四四頁　二〇〇四年一二月）参照。

（8）渋沢栄一　一八四〇―一九三一。国立第一銀行初代頭取。日本女子大学第三代校長。成瀬仁蔵による日本女子大学の創設に際し、資金面で協力した。

（9）『論語と算盤』の目次：「処世と信条」「立志と学問」「常識と習慣」「仁義と富貴」「理想と迷信」「人格と修養」「算盤と権利」「実業と士道」「教育と情誼」「成敗と運命」（角川ソフィア文庫104）

（10）このベラーの指摘について、石田梅岩著「都鄙（とひ）問答」の小高敏郎による解説においても、ベラーの著作を取り上げて、「日本が明治以降、他のアジア諸国と違って、短時日の間に封建社会から近代資本主義国家として発展した原因の一つとして、梅岩の思想を取り上げている」としている（日本古典文学大系97『近世思想家文集』所収參照　岩波書店　一九六六）。

（11）同様なことが、「孔子は徳に至り仁を全くすることを教え給う。孟子は其仁を知ることを教え給う。依りて『心を尽くし性を知る』と説き玉えり。文学は末なること明らかなり」（同）、「聖人の心も我が心も古今一なり」（同）、「心を知るを要とす。」（同）、「学問の至極といふは、心を尽くし性を知り、性を知れば天を知る。……心を知るときは天理は其中に備わる」（巻の二）、「人たる者、元来心はかわらざれども、七情（＝喜・怒・哀・懼・愛・悪・欲）に蔽（おお）い昧（くらま）されて、聖人の知を外にかわりたることあるように思うより、昧（くら）くなって種々に疑い発（おこ）るなり」（巻の三）、「神儒仏ともに、悟る心は一なり。何（いず）れの法にて得るとも、皆我が心を得るなり」（同）、「其心を知るを学問と云う」（同・巻の四）と繰り返し強調される。

（12）終章「（一二）東西思想を対比する視点」參照。

第三章

（1）もっとも、百年を越えた物や道具に魂が宿るというわゆる「付喪神（つくもかみ）」信仰が、わが国では古くからあったことを思えば、針供養などというのもそうした心理の反映と見ることもできよう。

（2）諸橋轍次（もろはしてつじ）、一八八三―一九八二　漢文学者、世界的名著『大漢和辞典』全一三巻の編著者。この作業が元で失明する。文学博士。東京高等師範・東京文理科大学・東京教育大学教授。

（3）中村元（なかむらはじめ）　一九一二―一九九九　島根県松江生まれ　インド哲学・仏教学者　東京大学教授・財団法人東方研究会初代理事長　世界的名著『東洋人の思惟方法』全４巻・『決定版　中村元選集』（春秋社）がある。

（4）二〇〇八年アカデミー賞外国語映画賞を受賞した「おくりびと」も山形の鳥海山を背景とした自然の美しさとそこでの人々の生と死をめぐる日々の営みが感動的に映像化されていたことは記憶に新しい。

（5）鎌田正（かまたただし）一九一一～二〇〇八　漢文学者、文学博士、東京教育大学名誉教授で、諸橋轍次の高弟。

（6）諸橋轍次・中村元『対談東洋の心　日本の心の原点を探る』（大修館書店　一九八八）九八～一一一頁より。

（7）梅原猛『哲学の復興』（講談社現代新書　一九七二）が、「日本人にとって、自然とは、われわれがそこから生まれた母であり、無限の恩恵を、われわれに与えるものであった。このような自然への無限の甘えを持った日本人が、西洋文明に内在する自然支配の思想を受け入れるとき、時代は、甚だしく悪くなったのである。」（二〇〇～二〇一頁）と述べているのが参照できる。

（8）倉沢行洋著『東洋と西洋』（東方出版　一九九二）四七～五二・五五～五七頁より。
（9）asahi.com 二〇一一年三月一四日一九時三四分より。
（10）以上小坂国継著『西洋の哲学東洋の思想』（講談社　二〇〇八）二六五～二六七頁による。
（11）倉沢前掲書六頁による。
（12）同八～九頁による。
（13）同九～一〇頁による。
（14）間瀬啓允著『エコロジーと宗教』（岩波書店　一九九六）第2章〈人間中心〉から〈生命中心〉へ（五〇～九一頁）参照。

第四章

（1）『新字源』（角川書店　一九六八）より。
（2）いずれも『哲学事典』（平凡社　一九七一）より。
（3）知足安分　竜安寺石庭のつくばい「吾唯知足」（吾れ唯だ足ることを知る）と読める。
（4）中野孝次著『清貧の思想』（草思社、一九九二）。本書で紹介されるのは、本阿弥光悦（ほんあみこうえつ）（一五五八―一六三七）・鴨長明（一一五五？―一二一六）・良寛（一七五八―一八三一）・池大雅（一七二三

―一七七六）・与謝蕪村（一七一六―一七八三）・松尾芭蕉（一六四四―一六九四）・橘曙覧（たちばなあけみ）（一八一二―一八六八）・西行（一一一八―一一九〇）である。

（5）左に引用するのは、90年代の日本社会の状況を見据えながら、人類の未来に警鐘を鳴らしていることが読み取れる記事である。

「このところ景気にどうやら薄日が差し始め、企業業績にわずかながらも回復の兆しが見えだすと、1年前の倹約や清貧礼賛はどこへやら。派手な接待や交際の習慣が、またそろそろ頭をもたげてきたようである。活況を見越してライバル他社に負けてはいられない、とはどうも口実である。人間の本性はもともと享楽的にできているものらしい。

実際、古今東西の歴史を顧みると、為政者によって放漫政策がとられた時代は庶民の生活も概して華やぎ潤い、逆に質実倹約を奨励するなどの政策が実行された時代には大衆の暮らしは、とかく暗いものがあった。これは人間の社会は何といっても凡夫凡婦の集合体で、彼らの大部分は圧倒的に倹約や清貧などよりも、華美やぜいたくを熱望したということであろう。

これを今日のサラリーマンの例でいえば、残業に明け暮れて、会社の交際費を湯水のように使い、休日も家族そっちのけで社用ゴルフにうつつを抜かし、酒食のあふれた宴席通いで連日遅帰りという不健全不健康な生活などよりは、本当は残業もなくて定時に帰宅し、一家だんらんの食卓を囲む暮らしの方がよほど正常で健康にもよいはずなのであるが、不況などでそれを強制されない限り、凡夫の群れは前者を選んでしまうのである。

そしてまた、そういった人間の性向一般が今日までの人間社会の物質的豊かさを構築し実現させるのに役立ってきたことも否定できない。人間の物質文明は、人間が禁欲人間（ストイシスト）でなく享楽人間（エピキュリアン）であることによって築かれ伸びてきたといっても、大局的には決して誤った論とはいえないであろう。

とすれば、人口の爆発的増加と物質・エネルギーのはんらんで、人間の文明が極限に達し、そして滅びる日は予想外に早いのでは、という気がしてくる。」（『朝日新聞』一九九三年五月二七日付け夕刊より）

第五章

（1）岩波講座東洋思想『インド仏教』（岩波書店）二六頁参照。

（2）同二一頁参照。

（3）同二二頁参照。

（4）同三〇頁参照。

（5）空海は、不空の孫弟子に当たる。

（6）『理趣経』の十七清浄句の原文は次の通り。

1.妙適清淨句是菩薩位 2.慾箭清淨句是菩薩位 3.觸清淨句是菩薩位 4.愛縛清淨句是菩薩位 5.一切自在主清淨句是菩薩位 6.見清淨句是菩薩位 7.適悅清淨句是菩薩位 8.愛清淨句是菩薩位 9.慢清淨句是菩薩位 10.莊嚴清淨句是菩薩位 11.意滋澤清淨句是菩薩位 12.光明清淨句是菩薩位 13.身樂清淨句是菩薩位 14.色清淨句是菩薩位 15.聲清淨句是菩薩位 16.香清淨句是菩薩位 17.味清淨句是菩薩位。なお、「菩薩位」とは菩薩の境地。

（7）以上の引用はすべて世界古典文学全集7「仏典Ⅱ」（筑摩書房　一九六五）三九七〜四一一頁による。
（8）梅原猛著『仏教の思想』下巻「第一章死の哲学から生の哲学へ」（角川文庫　一九九二、五六〜五七頁）参照
（9）同六五〜六六頁参照。
（10）同六七頁参照。
（11）同七六頁参照。

第六章

（1）「今、日本ではものがあふれ、高価なブランド品が飛ぶように売れている。機関銃の弾も飛んでこない。爆弾も落ちない。ミサイルも飛んでこない。空襲警報も鳴らない。それにもかかわらず、ベトナム戦争などと比べものにならない多くの戦死者を、一般民間人の中から出しているのです。そう考えると、今僕らは目に見えない戦いのまっただ中に居るといってもいいでしょう。あるいは、その戦いを〈心の戦争〉と呼んでいいのかも知れない。」（五木寛之著『不安の力』集英社文庫　二〇〇五）七〇〜七一頁。
（2）伊藤栄樹著『人は死ねばゴミになる』（小学館文庫　一九九八）いとうしげき、一九二五―一九八八、元検事総長・東京高検検事長・法務事務次官を歴任。
（3）相撲取りが土俵に上がる際に塩をまくのも同じ宗教的理由からである。〝お清めの塩〟。
（4）二〇〇六年、書肆心水刊。原刊は『死生観』（一九〇四）。
（5）大塩平八郎（おおしおへいはちろう）一七九三―一八三七、江戸後期の陽明学者。

(6) 以上の引用は、加藤前掲書九七～一〇二頁による。傍点は引用者による。

(7) 吉田松陰　一八三〇―一八五九　長州藩士、幕末の思想家、教育者、山鹿流兵学者、松下村塾で伊藤博文ら維新の元勲を教育した。

(8) 吉田松陰が処刑前日に同志たちに宛てた遺書。古川薫訳注『吉田松陰　留魂録』（講談社学術文庫）がある。

(9) 以上の引用は、同一〇七～一一二頁による。傍点は引用者による。

(10) 道元　一二〇〇―一二五三　鎌倉時代初期の禅僧　曹洞宗の開祖として永平寺を建立。只管打坐を唱える一方、食事の支度・部屋の掃除など日常生活のすべてが修行であるとした。主著に『正法眼蔵』がある。

(11) 以上の引用は加藤前掲書二一五～二一六頁による。傍点は引用者による。

(12) 講談社文庫　一九七三　原刊は一九六四年。著者は、本書奥付によれば、「一九〇三年兵庫県明石生まれ。東京大学卒業後、ハーバード大学留学。東大教授、東大付属図書館長を歴任。文学博士。一九五四年渡米中に癌におかされ、激務の中で闘病十年、一九六四年一月死去。本書はその闘病中の心の記録をまとめたもので、一九六四年度毎日出版文化賞受賞。主な著作「人間と宗教」他多数」とある。

(13) 以上の引用は岸本前掲書一一～一三頁による。

(14) 同一四～一五頁による。

(15) 同一六～一九頁による。

(16) 同二一～二二頁による。

(17) 同二九～三〇頁による。

(18) 同三四頁による。

(19) 同三六〜三九頁による。

(20) 同四〇〜四二頁による。

(21) 檀林皇后　橘嘉智子（たちばなのかちこ）、七八六―八五〇。嵯峨天皇の皇后。檀林皇后と呼ばれた。内舎人立花朝臣清友の娘。母は田口氏。天皇が親王の時に妃となり、即位後の大同四年（八〇九）夫人、弘仁元年（八一〇）一一月従三位、同六年七月一三日皇后に冊立される。（中略）嵯峨天皇譲位後の一四年四月二日皇太后となり、仁明天皇即位に伴い天長一〇年（八三三）三月二日太皇太后。承和年間（八三四―四八）日本最初の禅院檀林寺を創建し、比丘尼を置いて嵯峨天皇の冥福を修した。（中略）また弟の右大臣氏公とともに学館院を設立、橘氏子弟の学舎とした。嘉祥三年（八五〇）三月仁明天皇の病に際して尼となり、冷泉院において六五歳で死没。（中略）橘氏の氏神梅宮大社には嘉智子が祀られており、奈良法華寺の十一面観音像は嘉智子をモデルにしたといわれている（芳賀登・一番ヶ瀬康子・中嶌邦・祖田浩一監修『日本女性人名辞典』（日本図書センター　一九九三）より抜粋）。

(22) 吉原浩人編『東洋における死の思想』（春秋社　二〇〇六）二〇三〜二〇四頁参照。

(23) 和辻哲郎・古川哲史校訂『葉隠』上（岩波文庫　一九四〇）一三三頁参照。

(24) 同一〇二〜一〇三頁参照。

(25) 同一一二〜一一三頁参照。

(26) 井上哲次郎監修『武士道全書』第二巻（東京　時代社　一九四二）参照。

第七章

（1）カール・ブッセ作、上田敏訳「山のあなた」
山のあなたの空遠く／「幸」（さいはひ）住むと人のいふ。／噫（ああ）、われひと、尋（と）めゆきて、／涙さしぐみ、かへりきぬ。／山のあなたになほ遠く／「幸」（さいはひ）住むと人のいふ。

（2）幸福を運ぶ七柱（恵比須・大黒天・毘沙門天・布袋・福禄寿・寿老人・弁才天）の神々。

（3）中国戦国時代（紀元前五～三世紀）にできた道家の書物、「無為自然」を標榜する。『道徳経』とも言われ、上下八十一章からなる。全文字数も五〇〇〇字程度と短編であるがその内容は深淵で難解であることから、古来さまざまな解釈がなされてきた。著者は老子とされるが、謎に包まれた人物である。

（4）「えなんじ」と読む。中国前漢時代（紀元前二世紀頃）に、淮水の南（淮南）の地方で編纂された書物。今日に残る名言が収録されている。

（5）沖縄タイムスは、二〇一二年五月二三日一二時四〇分付けで、「日本の幸福度二一位に低下　ＯＥＣＤ指標」（http://www.okinawatimes.co.jp/article/2012-05-23_34114/二〇一二・六・一）の見出しで、以下のように報じている。
経済協力開発機構（ＯＥＣＤ）は二二日までに、各国の国民の幸福度を測定する「より良い暮らし指標」の最新版を公開した。日本はＯＥＣＤ加盟国など三六カ国中二一位で昨年の一九位から後退した。「仕事と生活の調和」や「生活満足度」の評価が低迷したことが響いた。指標は一一項目で構成。日本は仕事と生活の調和の評価が三四位。週五〇時間以上働く人の割合が高く、一日の中で余暇や睡眠、食事などに使う時間が少なかった。生活の満足度も二七位と低水準にとどまった。一方で、犯罪に巻き込まれる確率が低いとして「安全」は一位。「教育」は二位で、学歴や読解力が高いとされた。全体評価の一位は二年連続でオーストラリア。二位がノルウェー、三位は米国と続いた。（共同通信）

第八章

（1）http://home.hiroshima-u.ac.jp/~forum/28-7/jichoyoshida.html

（2）http://www5.airnet.ne.jp/tomy/koten/saikon/saikon02.htm

（3）『論語』里人篇の「徳孤ならず、必ず隣有り」という有名な一節は、このことを言ったもの。

第九章

（1）津田左右吉著『文学に現はれたる国民思想の研究　二』（岩波書店　一九一七）

（2）新渡戸稲造著『武士道』（奈良本辰也訳　三笠書房　一九九三）が、「それは成文法ではない。せいぜい口伝によるか、著名な武士や家臣の筆になるいくつかの格言によって成り立っている。それは、時には語られず、書かれることもない作法である。……武士道はどのような有能な人物であろうとも、一個の頭脳が創造し得たものではない。また、いかなる卓抜な人物であったとしても、ある人物がその生涯をかけて作り出したものでもなかった。むしろそれは、何十年何百年にもわたって武士の生き方の有機的産物であった。」（一八～一九頁）と述べているのも、同じことをいうものである。

（3）和辻哲郎は、いち早く「世間」の概念を倫理学的に分析している。
（4）尚会鵬『中国人与日本人』は、第八章「日本人と中日比較に関する若干の理論」の中でベネディクト理論を紹介して、その「恥の文化」の項において、「彼らが自分の慣れ親しんだ生活圏から離れているとき、あるいは見知った人がいないようなとき、彼らの行動は拘束を受けなくなる。日本の諺に「旅の恥はかきすて」というのがある。つまりある人が全く知らない環境に置かれたとき、元々の道徳観の拘束を受けないで済むというものだ。よく知った人が端で見ていなければ恥ずかしいとも感じないし、生活圏外の人に対してならたとえいつもの決まりを破っても罪悪感はない。これが、日本の侵略者が中国で犯した残酷で非人道的な罪行の文化心理的根源なのだ。」（北京大学出版社　一九九八　拙訳　但し未公刊）と述べている。
（5）「つとめ」には、「務め」の他、「勤め」「努め」などの表記がある。それは、それぞれの表記によって意味やニュアンスは異って見えるが、本来は「つとめ」にこれら三通りの意味が共存していたことを示している。
（6）大道寺友山著『武道初心集』（一八三四）に、「武士たらむものは、……日々夜々、死を常に心にあつるを以て、本意の第一と仕候（つかまつりさふらふ）。」とある。
（7）新渡戸稲造は、腹切りのハラは何を意味するかとして、日本人の間には古くから腹の中に霊魂が宿るという信仰があり、それによって、武士たちは、「我はわが霊魂の座すところ開き、貴殿にそれを見せよう。穢れありとするか、清しとするか、貴殿自らこれを見よ」というのが切腹の意味であると言っている（同氏著・奈良本辰也訳『武士道』第十三章「切腹」（三笠書房　一九九三）一一八～一一九頁参照）。
（8）新渡戸前掲書第三章「義」において、「義理」とは「武士道の光り輝く最高の支柱」であり、「正義の道理」であって、「無条件の絶対命令」と述べているのを参照。

(9) しかし、そうは言ってもわれわれは今も「世間」の中で生きているのだから、現代人とてほんねだけでは生きていけないものである。

(10) 江戸時代を待つまでもなく、中世室町時代、すでに一部の武士達は学問を志すようになっていたのであるが、組織的に儒学教育がなされていたわけではない。例えば建武本『論語』を見ると、その奥付に、明経博士清原頼元が武士の飯尾金吾に『論語』を教授したことが詳しく記されている。

(11) 津田前掲書三〇一頁参照。

(12) 武士の世界では数代にわたり主君に使える家臣を「譜代」の家臣とよび、主君からは絶大な信頼を得ることができた。

(13) 津田左右吉著『文学に現はれたる国民思想の研究　三』三〇九頁参照。

(14) 「……恋いの部りの至極は忍恋なり。「恋ひ死なん後の煙にそれと知れ終にもらさぬ中の思ひは。」かくの如きなり。命の内にそれと知らするは深き恋にあらず、思ひ死の長けの高き事限りなし。たとへ、向より、「斯様にてはなきか。」と問はれても、「全く思ひもよらず。」と云ひて、唯思ひ死に極むるが至極なり。……」（『葉隠』第二ノ三三）とか、「（武士道とは）……恋の心入の様なる事也。情けなくつらきほど、おもひを増すなり。偶にも逢ふ時は、命も捨つる心になる。忍恋などこそよき手本なれ。一生言ひ出す事もなく、思ひ死する心入れは深き事なり。又自然（万が一）偽に逢ひても、当座は一入悦び、偽の顕はるれば、猶深く思い入るなり。君臣の間斯くの如くなるべし。奉公の大意、これにて埒あく（きまりがつく）なり。理非の外なるものなり。（同二一ノ六一)」とあるのを参照。

(15) 本書第一章参照。

終章

(1) サミュエル・ハンチントン著『文明の衝突』(鈴木主税訳 一九九八 集英社、原著:Samuel P.Huntington:The Clash of Civilizations and The Remaking of World Order 一九九六)参照。

(2) 大隈重信(一八三八―一九二二)は言うまでもないことであるが、学者ではなく政治家であったが、その側近に二人の哲学者、一人はギリシア哲学研究者、つまりは西洋哲学者といってよい金子馬治、もう一人は儒学者、つまりは東洋哲学者といってよい牧野謙次郎を配して、これからの日本の歩むべき方向を見定めるために本書が著作された。峰島旭雄他著『大隈重信『東西文明の調和』を読む』(北樹出版 一九九〇)参照。

(3) 岡倉天心著『東洋の理想』(原著は"The Ideals of the East with Special Reference to the Art of Japan" 1903、講談社学術文庫 一九八六)二〇~二二頁より。

(4) 同二〇八~二一〇頁より。

(5) 津田左右吉著『シナ思想と日本』(岩波新書 一九三八)括弧内は引用者による概括。

(6) 中村元著『東洋のこころ』(講談社学術文庫 二〇〇五 原東京書籍刊 一九八五)一八八~一九二頁より。

(7) 同二四八頁より。

(8) 松長有慶著『密教』(岩波新書 一九九一)九一頁より。

（9）同一四九頁より。
（10）同二三〇頁より。
（11）倉沢行洋著『東洋と西洋』（東方出版　一九九二）五九〜六〇頁より。
（12）同六一頁より。

参考文献

序章

岡倉天心著／ソーントン不破直子訳『茶の本』（社会思想社　一九九五、春風社二〇〇九）
ルイス・フロイス著／岡田章雄訳『ヨーロッパ文化と日本文化』（岩波文庫　一九九一）
ブルーノ・タウト著／森儁郎訳『日本文化私観』（講談社学術文庫　一九九二）
岡田武彦著『東洋の道』（岡田武彦全集14　明徳出版社　二〇〇六）
小坂国継著『東洋的な生きかた』（ミネルヴァ書房　二〇〇八）
河村敬一著『東洋思想のなぐさめ』（創言社　二〇〇八）

第一章

貝原益軒著『養生訓』
宮本武蔵著／鎌田茂雄訳注『五輪書』（講談社学術文庫　一九八六）
魚住孝至著『宮本武蔵―「兵法の道」を生きる』（岩波新書　二〇〇八）
甲野善紀著『武術の新・人間学　温故知新の身体論』（ＰＨＰ文庫　二〇〇二）
同著『古武術に学ぶ身体操法』（岩波アクティブ新書63二〇〇三）

笠尾楊柳著『太極拳に学ぶ身体操作の知恵』（BABジャパン 二〇〇九）
楊進著『太極拳経解釈 至虚への道』（二玄社 二〇〇九）
三浦於菟著『東洋医学を知っていますか』（新潮選書 一九九六）
竹内敏晴著『思想する「からだ」』（晶文社 二〇〇一）
内田樹・成瀬雅春著『身体で考える』（マキノ出版 二〇一一）

第二章

福沢諭吉著『文明論の概略』
マックス・ウエーバー著／大塚久雄訳『プロテスタンティズムの倫理と資本主義の精神』（岩波文庫、一九八九年改訳）
大塚久雄「東西文化の交流における宗教社会学の意義―マックス・ウエーバーの「儒教とピュウリタニズム」を中心に」（武田清子編『思想史の方法と対象』所収 創文社 一九六一）
日本古典文学大系『近世思想家文集』（岩波書店 一九六六）
森嶋道夫著『続イギリスと日本』（岩波新書 一九七八）
金日坤著『儒教文化圏の秩序と経済』（名古屋大学出版会 一九八四）
レオン・ヴァンデルメールシュ著／福鎌忠恕訳『アジア文化圏の時代』（大修館書店 一九八八）
王家驊著『日中儒学の比較』（六興出版 一九八八）

溝口雄三著『方法としての中国』（東大出版会　一九八九）
丸山松幸著『現代における儒教』（講座現代中国　第四巻　岩波書店　一九八九）
レジ・リトル、ウオーレン・リード著『儒教ルネッサンス』（サイマル出版会　一九八九）
涂照彦著『東洋資本主義』（講談社現代新書　一九九〇）
加地伸行著『儒教とは何か』（中公新書　一九九〇）
余英時著／森紀子訳『中国近世の宗教倫理と商人精神』（平凡社　一九九一）
谷中信一「日本の近現代教育に果たした儒教の役割―中等教育における漢文科と修身科―」（『日本女子大学紀要　文学部』第四十二号　一九九三）
堺屋太一著『日本を創った一二人』第七章　石田梅岩―「勤勉と倹約」の庶民哲学（ＰＨＰ新書　一九九七）
サミュエル・ハンチントン著『文明の衝突』（集英社　一九九八）
同著『文明の衝突と二一世紀の日本』（集英社新書　二〇〇〇）
串田久治著『儒教の知恵』（中公新書　二〇〇三）
今井淳・山本眞功編『石門心学の思想』（ぺりかん社　二〇〇六）
「石田梅岩と石門心学」：http://www.joho-kyoto.or.jp/˜retail/akinai/senjin/ishida.html（二〇一〇・四・二七現在）
沖田行司著『藩校私塾の思想と教育』（財団法人日本武道館　二〇一一）

第三章
梅原猛著『哲学の復興』（講談社現代新書 一九七二）

第四章
中野孝次著『清貧の思想』（草思社 一九九二）
ジャレド・ダイアモンド著『文明崩壊』上・下（草思社 二〇〇五）
福永光司著『老子』（朝日選書 一九九七）
金谷治著『荘子』（岩波文庫 一九七一）
加島祥造著『タオ ヒア・ナウ 老子』（PARCO出版 一九九三）
同著『老子と暮らす 知恵と自由のシンプルライフ』（光文社 二〇〇〇）
同著『タオ 老子』（筑摩書房 二〇〇〇）
同著『ほっとする老子のことば いのちを養うタオの智慧』（二玄社 二〇〇七）
同著『求めない』（小学館 二〇〇七）

第五章
山折哲雄著『仏教とは何か―仏陀誕生から現代宗教まで―』（岩波新書 一九九三）
秋月龍珉著『誤解された仏教』（講談社学術文庫 二〇〇六）

小池龍之介著『考えない練習』（小学館　二〇一〇）
白川密成著『ボクは坊さん。』（ミシマ社 二〇一〇）
松長有慶著『密教』（岩波新書　一九九一）
桐山靖雄著『密教入門　求聞持聡明法の秘密』（角川選書 一九七六）
真鍋俊照著『邪教・立川流』（ちくま学芸文庫　二〇〇二）
ウィリアム・B・アーヴィン著／竹内和世訳『欲望について』（白揚社　二〇〇七　原題は“*ON DESIRE Why We Want What We Want*”）
梅原猛著『「森の思想」が人類を救う』（小学館　一九九一）
間瀬允啓著『エコロジーと宗教』（岩波書店　一九九六）
加藤尚武編『環境と倫理』（有斐閣　一九九八）

第六章

五木寛之著『不安の力』（集英社文庫　二〇〇五）
伊藤栄樹著『人は死ねばゴミになる』（小学館文庫　一九九八）
加藤咄堂著『死生観　史的諸相と武士道の立場』（書肆心水　二〇〇六）
古川薫訳注『吉田松陰　留魂録』（講談社学術文庫）
岸本英夫著『ガンとたたかった十年間　死を見つめる心』（講談社文庫　一九七三）

吉原浩人編『東洋における死の思想』(春秋社 二〇〇六)
和辻哲郎・古川哲史校訂『葉隠』上(岩波文庫 一九四〇)
井上哲次郎監修『武士道全書』第二巻(東京・時代社 一九四二)

第七章

『老子』
『淮南子』
『論語』

第八章

今井宇三郎訳注『菜根譚』(岩波文庫 一九七五)

第九章

津田左右吉著『文学に現はれたる国民思想の研究 二』(岩波書店 一九一七)
同氏著『文学に現はれたる国民思想の研究 三』(同)
新渡戸稲造著/奈良本辰也訳『武士道』(三笠書房 一九九三)
ルース・ベネディクト著/長谷川松治訳『菊と刀』(社会思想社 一九七二)

尚会鵬著『中国人与日本人』（北京大学出版社　一九九七）
『管子』
大道寺友山著『武道初心集』（井上哲次郎監修『武士道全書』第二巻所収　東京・時代社　一九四二）

終章

中村元著『東洋人の思惟方法』（みすず書房刊、後に春秋社刊。現在、中村元選集所収）
サミュエル・ハンチントン著／鈴木主税訳『文明の衝突』（集英社　一九九八）
津田左右吉全集第二八巻「東洋文化・東洋思想・東洋史」
同氏著『シナ思想と日本』（岩波新書　一九三八）
大隈重信著『東西文明の調和』（早稲田大学出版部復刻版　一九九一）
中村元著『東洋のこころ』（講談社学術文庫　二〇〇五）
松永有慶著『密教』（岩波新書　一九九一）
倉沢行洋著『東洋と西洋』（東方出版　一九九二）
岡倉天心著『東洋の理想』（講談社学術文庫　一九八六）
鈴木大拙著・上田閑照編『東洋的な見方』（岩波文庫　一九九七）
R・オズボーン文／R・バン・ルーン絵／小幡照雄訳『東洋思想』（現代書館　一九九七）
峰島旭雄他著『大隈重信『東西文明の調和』を読む』（北樹出版　一九九〇）

あとがき

本書は、私の勤務先で講義した教養科目「東洋思想」が元になっている。

かつて東洋哲学を専攻した私にとって、この講義科目を担当することは、大学で学んだことの応用問題を解くようなわくわくする楽しさがあった。私の研究の中心は専ら中国思想史なのでいつもこの問題に取り組んでいたわけではなかったし、なによりも津田左右吉博士の「東洋思想はない」との説に出会って以来、東洋思想という括りで研究をすることに大きな懐疑を抱いていたが、そうではあっても、私の学問研究の原点に東洋哲学・東洋思想への止み難い関心があったことは間違いない。

そこで新たに「東洋思想」という科目を講じるに当り、東洋思想とは何かということをしっかり考える必要が生じてきた。改めて津田左右吉博士の『シナ思想と日本』を読み反しながら気付いたことは、幕末に直面したいわゆるWESTERN IMPACT（西洋の衝撃）の中でこれに対抗するべく構想された概念が東洋思想ではないかということであった。しかしこれを日本で育まれたからということで日本思想としてしまうには、あまりにもその範囲が日本一国を超えてしまっている。仏教や儒教も、わが国にとって極めて重要な伝統思想であるが、その来源は周知のようにインドであり、中国である。そこで、これら仏教や儒教をも含み込んで体系的ではないにせよ、ひとまとまりの思想として呼ぶための用語が求められ、それが東洋思想だったのである。つまり東洋思想とはすぐれて日本的な概念なのである。そのようなことから本書を『東洋思想と日本』と名付けることにした。

現代も幕末の思想状況と大きく変わっていないようにも思える。なぜならわれわれはグローバル社会と言われる激動の時代にあって、目まぐるしく移り変わりゆく日常生活の中で言い知れぬ不安心理に駆られながら日々未知の問題に直面し、その対応を迫られているからである。本書がそうした問題に正面から取り組み、解決の糸口とするための手引き書となれば幸いである。

本書のゲラの段階で、妻・裕子にいくつも問題を指摘してもらった。指摘されて改めて気付くということもあった。家事の合間に校正作業を手伝ってくれた妻に心からの謝意を捧げたい。

また、この度も汲古書院のお世話で刊行することが出来た。出版事情の厳しい中で拙著刊行を決断して下さった三井久人社長、また、この度も面倒で骨の折れる編集並びに校正を引き受けて下さった大江英夫氏には、衷心より感謝申し上げる。

二〇一六年十一月

谷中信一

事項索引

人名索引

書名索引

欧文

著者紹介

谷中　信一（やなか　しんいち）

1948年東京生まれ。

早稲田大学高等学院教諭並びに同文学部講師を経て、現在、日本女子大学文学部教授。

主な編著書に、「日本中国『管子』関係論文文献目録」（早稲田大学出版部 1989)、『晏子春秋』上・下（明治書院 2000～2001)、『楚地出土資料と中国古代文化』（汲古書院 2002)、『斉地の思想文化の展開と古代中国の形成」（汲古書院 2008年、『斉地の思想文化と古代中国』と題する博士学位論文を刊行したもの)、「出土資料と漢字文化圏」（汲古書院 2011)、『『老子』経典化過程の研究』（汲古書院 2015)、『先秦秦漢思想史研究』（上海古籍出版社　2015）などがある。

汲古選書75

東洋思想と日本

二〇一七年二月十五日　発行

著　者　谷中信一

発行者　三井久人

印刷所　モリモト印刷㈱

発行所　汲古書院

〒102-0072 東京都千代田区飯田橋二－五－四

電　話〇三（三二六五）九七六四

FAX〇三（三二二二）一八四五

ISBN978－4－7629－5075－9　C3310

KYUKO－SHOIN, CO., LTD. TOKYO.